Inspiration Christentum

Wunibald Müller

SCHULD UND VERGEBUNG

HERDER spektrum

Band 6300

Das Buch

Umkehr und Versöhnung sind immer möglich – diese Grundüberzeugung prägt den christlichen Glauben wesentlich. Der Mensch kann nie tiefer fallen als in Gottes Hand – er ist gehalten in der Barmherzigkeit und Liebe, die Gott den Menschen entgegenbringt. Und in dieser Treue sind auch die dunklen Seiten des Lebens aufgehoben. Darin liegt der Weg zu einem befreiten Leben.
Dieses Buch führt ein in das christliche Verständnis von Schuld und Vergebung. Biblische Zeugnisse verdeutlichen die erlösende Antwort des Christentums. Zugleich kommen auch Erkenntnisse aus psychotherapeutischer wie auch aus spiritueller Sicht in den Blick.
Deutlich wird: Vergebung ist letztlich das Ergebnis einer freien Entscheidung, bei der nicht mehr aufgerechnet wird, bei der man auf einen Ausgleich verzichtet. Erbarmen und das Ernstnehmen der Schuld sind dabei wesentliche Schritte. Für den gläubigen Menschen werden sie getragen von der bedingungslosen Liebe und Barmherzigkeit Gottes, die er jedem Menschen schenkt. Es liegt darin die Botschaft: Was von Gott kommt, ist Erlösung, ist Vergebung und nicht Knechtschaft oder Vergeltung. Das ist eine Botschaft, die uns aufatmen lässt, die uns aufrichtet, die uns befreit leben lässt.

Der Autor

Wunibald Müller, geboren 1950, leitet als katholischer Theologe und Psychologe das Recollectio-Haus des Benediktinerklosters Münsterschwarzach, in dem Seelsorgerinnen und Seelsorger Lebenskrisen bewältigen und sich spirituell neu sammeln können. Er ist Autor zahlreicher Bücher.

Wunibald Müller

SCHULD UND VERGEBUNG

Befreit leben

HERDER

FREIBURG · BASEL · WIEN

Originalausgabe

Verlag Herder GmbH, Freiburg im Breisgau 2010

www.herder.de

Die Bibeltexte sind entnommen aus:
Die Bibel. Die Heilige Schrift
des Alten und Neuen Bundes.
Vollständige deutsche Ausgabe
DIE BIBEL

Umschlagkonzeption und -gestaltung
Weiß-Freiburg GmbH, Graphik & Buchgestaltung
www.weiss-freiburg.de
Umschlagfoto: © Craig Tuttle/Corbis

Layoutkonzept: tiff.any GmbH, Berlin
Satz: tiff.any GmbH, Berlin
Herstellung: fgb · freiburger graphische betriebe
www.fgb.de

Gesetzt aus der Linotype Janson Text Standard
Gedruckt auf umweltfreundlichem, chlorfrei gebleichtem Papier
Printed in Germany

ISBN 978-3-451-06300-8

Inhalt

Vorwort 9

1 Schuld 13

Schuldgefühle, Schuld, existenzielle Schuld 13
Schuldgefühle 13
Sich der Schuld stellen 18
Schuldverleugnung 20
»Glückliche« Schuld 23
Existenzielle Schuld 26

Das Gewissen 29
Schuld erkennen 30
Das Gewissen als Über-Ich 32
»Die verborgene Mitte in jedem Menschen« 33
Das Gewissen als Mutterschoß 37
Dynamisches Gewissen 40

2 Vergebung 43

Vergebung als Prozess 43
Vergebung als Geschenk 44
Sich der echten Auseinandersetzung stellen 46
Versöhnung 49
Vergebung führt zu Verwandlung und Heilung 51

Barmherzigkeit und Gnade 53
»Barmherzigkeit, die weiß von keinem Zwang« 53
Gnade und Erbarmen 55
Verankerung in Gott – biblische Ressourcen 60
Den Glauben für Vergebung nicht missbrauchen, sondern nutzen 62
»… sondern erlöse uns von dem Bösen« 65

3 Schuld und Schuldgefühle bearbeiten und verarbeiten 69

Beichte und Psychotherapie 69
Der Psychotherapeut in der Rolle des Beichtvaters 70
Vorbehaltlos über alles sprechen können 73
Seelenfreund, nicht Richter 75
Schuldbearbeitung und Vergebung sind eine Herzensangelegenheit 76

Schuld bekennen 78
Echte Schuld von falschen Schuldgefühlen unterscheiden 79
Schuld bekennen und sich entschuldigen 80
Zu meiner Schuld stehen 81
Bereuen und Bedauern 82
Sühnen und wiedergutmachen 82
Buße 83
Wiedergutmachung und existenzielle Schuld 84

Die Feier der Versöhnung 86
»Und vergib uns unsere Schuld, wie auch wir vergeben unseren Schuldigern« 86
»Lässt sich etwas Liebevolleres und Milderes vorstellen?« 86
Sinnenfällig und greifbar Gottes Vergebung erfahren .. 87

Im Sakrament der Versöhnung »Auferstehung« erfahren 91
Von Gott geküsst werden 92

4 Befreit leben 97

Vergebung und Barmherzigkeit sich selbst gegenüber 97
Mich in meinem erbärmlichen So-Sein annehmen . . . 98
Barmherzigkeit gegenüber sich selbst 100
Gottes geliebter Sohn, Gottes geliebte Tochter sein 101
Was in mir ist küssen 105

Umkehren 106
Im Jetzt statt in der Vergangenheit oder Zukunft leben 107
Was von Gott kommt, ist Erlösung 107

Mit den Psalmen beten 111

Wo finde ich Rat und Hilfe – Adressen und Kontakte 118
Literatur 119
Quellennachweis 125

Vorwort

Wenn Sie den Titel diese Buches, »Schuld und Vergebung«, lesen, so mag sich bei Ihnen als erste Assoziation der Titel des Buches »Schuld und Sühne« von Leo Tolstoi einstellen. Schuld und Sühne vermitteln etwas Schweres. Und in der Tat kann Schuld zu etwas Schwerem, zu einer großen Belastung unserer Seele und unseres Lebens werden. Dafür – so legt der Titel des Buches von Tolstoi nahe – müssen wir Sühne leisten, wir müssen einen Ausgleich dafür schaffen oder aber büßen für das, was wir einem anderen an Unrecht zugefügt haben.

Auch in diesem Buch wird deutlich werden, dass wir Schuld nicht auf die leichte Schulter nehmen können, dass wir uns unserer Schuld wirklich stellen müssen. Es wird die Rede sein von Reue, Sühne und Wiedergutmachung, denn diesen kommt sowohl aus psychotherapeutischer wie auch aus spiritueller Sicht bei der Schuldbearbeitung eine wichtige Rolle zu. Doch – und darin unterscheidet sich dieses Buch von Tolstois »Schuld und Sühne« – es ist auch die Rede von Vergebung.

Vergebung setzt oft einen Prozess voraus, bei dem die ganze Palette von Gefühlen von Trauer bis Wut und Rache zugelassen werden muss. Zugleich ist Vergebung am Ende aber auch das Ergebnis einer freien Entscheidung, bei der nicht mehr aufgerechnet und nachgekarrt wird. Sie ist ein Akt, bei dem man auf einen Ausgleich verzichtet. Das setzt voraus, sich des anderen erbarmen zu können. Diese Haltung und Fähigkeit wird für den gläubigen Menschen getragen von der bedingungslosen Liebe und Barmherzigkeit Gottes, die er jedem Menschen schenkt, die zugleich aber auch des Menschen bedarf, dass sie umgesetzt und Wirklichkeit in unserem Leben werden kann.

So geht von dem Titel »Schuld und Vergebung« bei allem Schweren auch etwas Befreiendes aus. Es ist die Botschaft: Was von Gott kommt, ist Erlösung, ist Vergebung und nicht Knechtschaft oder Vergeltung. Das aber ist eine Botschaft, die uns aufatmen lässt, die uns aufrichtet, die uns befreit leben lässt. Von dieser Botschaft geht ein Schwung aus, der uns ermutigt, nicht in Angst zu verharren, sondern mit Zuversicht und Freude zu leben – erlöst, befreit, von Gott beschwingt und in Schwung gehalten.

In den beiden ersten Kapiteln des Buches möchte ich zunächst auf die zentralen Begriffe von »Schuld« und »Vergebung« eingehen: Welche Arten von Schuld gibt es? Was unterscheidet Schuld von Schuldgefühlen? Was ist das Gewissen? Aber auch: Was sind die verschiedenen Facetten von Versöhnung? Hier geht es mir zunächst um allgemein menschliche Erfahrungen und Befindlichkeiten, weshalb die Erkenntnisse aus Psychologie und Psychotherapie dabei im Mittelpunkt stehen. Doch in Bezug auf die Vergebung kommt auch die spezifisch christliche Antwort beziehungsweise die spezifisch christliche Sichtweise mit hinzu, die sich in den Begriffen von »Gnade«, »Barmherzigkeit« und »Erlösung« spiegeln.

Im dritten Kapitel des Buches wird es darum gehen, wie das Christentum mit der Erfahrung von Schuld und Vergebung umgeht beziehungsweise wie es sie in seinem Horizont deutet. An dieser Stelle soll ein Blick auf die Beichte fallen, weil sie eindrücklich zeigt, wie wir vor Gott und vor einander Vergebung erfahren und welche Grundüberzeugungen des christlichen Glauben in dieser »Feier der Versöhnung« zum Ausdruck kommen.

Im letzten Kapitel möchte ich aufzeigen, was es bedeutet, befreit von der Schuld leben zu können. Hier stehen wieder eher allgemein menschliche Erfahrungen im Vordergrund, allerdings gedeutet im Hinblick auf die christlichen Begriffe der »Umkehr« und der »Barmherzigkeit«.

Ich hoffe, dass ich den Leserinnen und Lesern so die befreiende Dimension des christlichen Glaubens etwas näher bringen kann, dessen zentrale Botschaften im Hinblick auf Schuld und Vergebung eigentlich sehr einfach sind: Gott liebt bedingungslos alle Menschen. Und: Gott ist barmherzig, er ist ein verzeihender Gott.

Stefan Weigand und Anne-Katrein Weigel danke ich für ihre hilfreichen Hinweise.

Wunibald Müller

1 Schuld

Schuldgefühle, Schuld, existenzielle Schuld

Das Erleben von Schuld ist eine zentrale Dimension des Menschen, auch wenn zwischen den Menschen große Unterschiede in Bezug auf die Handlungen und Gedanken bestehen, die sie als Schuld empfinden. Schuld äußert sich als Bedrückt- und Verzweifeltsein, »häufig begleitet von Gefühlen der Scham und der eigenen Wertlosigkeit. Hinsichtlich der Intensität finden wir ein breites Spektrum, das von scheinbarer Unberührbarkeit bis zu schwersten, den betreffenden Menschen schier erdrückenden Schuldgefühlen reicht«, wie der Pastoralpsychologe Udo Rauchfleisch meint.

Um besser verstehen zu können, was Schuld meint, aber auch, was sie nicht meint, will ich zunächst auf die Schuldgefühle und ihre Bedeutung eingehen, um dann in Abhebung oder auch Ergänzung dazu von verschiedenen Seiten her einen Zugang zu dem ganzen Komplex Schuld zu eröffnen.

Schuldgefühle

Auf einer Karikatur sieht man einen Psychiater, der zu seinem Patienten, der natürlich auf der Couch liegt, sagt: »Wie ist es möglich, dass Sie nach so langer Zeit der Analyse immer noch Schuldgefühle empfinden? Sie sollten sich schämen!«

Psychologen und Therapeuten wird manchmal nachgesagt, dass sie versuchen, ihren Klienten die Schuldgefühle auszureden beziehungsweise die Bedeutung von Schuld nicht angemessen zu würdigen. Ich kann nicht ausschließen, dass einige Psychologen die Schuldfrage nicht angemessen angehen. In der Regel trifft dieser Vorwurf aber nicht zu. Bei näherem Hinsehen zeigt es sich, dass sie keineswegs die Schuldfrage umgehen, sondern zunächst ernst zu nehmende Schuldgefühle von krankhaften Schuldgefühlen trennen, um dann den Blick auf echte Schuld zu lenken.

Schuldgefühle, die auf echte Schuld aufmerksam machen

Echte oder ernst zu nehmende Schuldgefühle leisten einen wichtigen Beitrag zu unserem Schuldbewusstsein. Sie machen uns auf echte Schuld aufmerksam, dass wir etwas getan haben, was nicht in Ordnung war. So mögen wir uns schuldig gemacht haben, wenn wir betrügen, uns auf Kosten anderer bereichern, ein Versprechen nicht einhalten, anderen bewusst Unrecht oder Leid zufügen. Die Ursache dieser Schuldgefühle ist klar erkennbar; die Fähigkeit, Schuldgefühle zu empfinden, ist ein Zeichen emotionaler Reife. Der berühmte Gewissensbiss ist Ausdruck eines funktionierenden inneren Kontrollsystems, das darauf aufmerksam macht, dass etwas nicht stimmt – im Unterschied zu Personen, denen die Empfindsamkeit für Schuldgefühle fehlt, die sich kriminell verhalten, ohne zu spüren, dass sie etwas »Schlimmes« tun.

Um Schuldgefühle empfinden zu können, müssen wir einen Kodex von Vorstellungen über moralisch richtiges Verhalten verinnerlicht haben und über die Fähigkeit verfügen, unser Denken, Fühlen und Handeln an diesem verinnerlichten Bezugssystem zu überprüfen. Schuldgefühle tauchen auf, wenn es zu einer Diskrepanz zwischen den verinnerlichten Normvorstellungen und dem tatsächlichen Verhalten kommt.

Wollen wir uns konstruktiv damit auseinandersetzen, müssen wir den »Gewissensbiss« – auf die Bedeutung des Gewissens werde ich später noch ausführlich eingehen –, der mit Schuldgefühlen einhergehen kann, ernst nehmen und aushalten. Wir dürfen nicht versuchen, ihn zu betäuben oder zu unterdrücken. Die Ursache der Schuldgefühle wird damit nicht beseitigt, vielmehr besteht die Gefahr, die Schuldgefühle dadurch noch zu verstärken.

Manchmal empfindet jemand auch Schuldgefühle in Bezug auf einen Vorgang, etwa einen Verkehrsunfall, an dem er zwar beteiligt war, den er aber nicht verschuldet hat. In solchen Fällen kann es wichtig sein, dass man nicht zu schnell versucht, ihm die Schuldgefühle zu nehmen. Die Auseinandersetzung damit kann helfen, die Situation immer wieder durchzuspielen, um herauszufinden, wo man richtig gehandelt und wo man einen Fehler gemacht hat. Das kann helfen, die Selbstkontrolle zurückzugewinnen.

Auch Schuldgefühle, deren Ursachen wir zunächst nicht ausmachen können, können auf echte Schuld hinweisen. Eine Frau hatte beispielsweise Schwierigkeiten, ihre aggressive Seite angemessen zuzulassen, mit dem Ergebnis, dass sie sich nicht durchsetzen konnte. Vordergründig mag der Grund für die Zurückhaltung dieser Frau irgendein infantiles Schuldgefühl sein, das sich einstellt, wenn sie anderen gegenüber aggressiv wird. Dahinter kann aber auch eine wirkliche Schuld liegen, insofern diese Frau einen Teil ihrer selbst nicht lebt, sondern aus Angst ausschließt.

Wie ich später ausführen werde, können solche Schuldgefühle ein Hinweis auf existenzielle Schuld sein, die jemand empfinden mag, wenn er nur einen Teil seiner Fähigkeiten und Möglichkeiten lebt. Wenn die Schuldgefühle ernst genommen und Konsequenzen daraus gezogen werden, können sie sich als hilfreich erweisen.

Schuldgefühle, die keine echte Schuld anzeigen

Bei krankhaften Schuldgefühlen, die keine echte Schuld anzeigen, reagieren wir auf eine überzogene oder unangemessene Weise mit Schuldgefühlen. Der Philosoph, Arzt und große Skeptiker Julien Offray de La Mettrie nennt diese Schuldgefühle »Peitschen von Moral, Politik und Religion, erfunden, um die Menschen daran zu hindern, glücklich zu werden.« Solche Schuldgefühle können uns das Leben zur Hölle machen. Sie können das Werk grausamer Sklavenhalter in uns selbst sein, die gegen uns wüten. Wer auf diese Weise Schuldgefühle empfindet, ist oft in seiner Fähigkeit, sich vor schädlichen inneren und äußeren Beeinflussungen zu schützen, beeinträchtigt.

Dabei handelt es sich oft um Schuldgefühle, die mit dem Entdecken und Zulassen der eigenen sexuellen Wünsche oder der aggressiven Seite in uns auftreten. In diesen Bereichen hat sich vielfach unser Über-Ich durch eine entsprechende Erziehung zu einer grausamen und übermoralischen Instanz aufgebaut. Manche bekommen dann schon Schuldgefühle, wenn sie sich einmal etwas gönnen und glauben, dass das schon Egoismus sei.

In einer solchen Situation muss man das Ich, die Entwicklung eines eigenständigen Denkens, Fühlens und Handelns stärken, das Über-Ich in seine Schranken verweisen. Man muss, wie der Arzt und Philosoph Julien Offray de La Mettrie bereits im 18. Jahrhundert formulierte, die »Vorurteile der Kindheit ablegen« und »die Seele mit der Fackel der Vernunft reinigen.«

»Schuldgefühle sind Peitschen von Moral, Politik und Religion, erfunden, um die Menschen daran zu hindern, glücklich zu werden.« (Offray de La Mettrie)

Was bedeutet Scham?

Der Begriff Scham taucht immer wieder auch im Zusammenhang mit Schuld auf. Scham ist ein Gefühl, das sich auf die ganze Person bezieht. Die Betroffenen haben den Eindruck, als die, die sie sind, oder so, wie sie sind, nicht in Ordnung zu sein. Insofern unterscheidet sich Scham von der Schuld, gegen die man etwas tun kann, bei der man das Gefühl hat, zumindest teilweise Herr oder Frau der Situation zu sein. Schuld entsteht durch eigenes Verhalten, das meist von einem selbst kontrolliert werden kann und deshalb veränderbar erscheint. Dagegen sind bei der Scham andere Personen wesentlich beteiligt: Man schämt sich immer vor einem anderen – auch wenn man sich vor sich selbst schämt. Letztendlich schämt man sich, weil man Idealen nicht gerecht wird, die man von wichtigen anderen Personen übernommen oder verinnerlicht hat. Man schämt sich dann vor dem verinnerlichten Bild oder der Stimme der erwähnten Personen, also dem inneren Beobachter. Während Schuld sich nur auf das Tun bezieht, wird Scham auf die ganze Person bezogen. Es ist deshalb vergleichsweise schwieriger, die Scham zu überwinden.

Manchmal werden Schuldgefühle »eingesetzt«, um ein ideales Bild von sich selbst aufrechtzuerhalten. Ich tue zwar etwas, was nicht in Ordnung ist, aber solange ich Schuldgefühle deswegen habe, kann ich mich damit arrangieren. Die Schuldgefühle erlaubten es einem, das gleiche Verhalten fortzusetzen. Diese Dynamik sah der Psychologe Alfred Adler am Wirken, als er gegenüber einem Jugendlichen, der große Schuldgefühle wegen Selbstbefriedigung hatte, bemerkte: »Entweder masturbiere oder fühle dich schuldig, aber tu nicht beides, das macht zu viel Mühe«. Hier verhindern die Schuldgefühle die ehrliche Auseinandersetzung mit sich selbst, die am Ende zu einem echten Schuldbewusstsein und zu einer realen Sichtweise von sich selbst führen kann. Schuld führt zur Veränderung. Schuldgefühle, die lediglich als »Begleitmusik« für ein Verhalten herhalten müssen, das man sich nicht zugesteht, erlauben dagegen, das Verhalten fortzusetzen.

Die »Palette« von Schuldgefühlen kann beliebig ergänzt werden: Da ist die Frau, die Schuldgefühle darüber empfindet, dass bei ihrer Geburt die Mutter starb, da der Mann, der Schuldgefühle hat, weil er als Junge und nicht wie von den Eltern gewünscht als Mädchen zur Welt kam. Ein anderer mag Schuldgefühle dafür haben, dass er einen Umfall überlebt hat, während die anderen tödlich verunglückt sind. So genannte Trennungsschuldgefühle können bei Kindern entstehen, wenn Eltern ihre erwachsenwerdenden Kinder nicht loslassen können. Es ist nicht immer von vorneherein klar, ob diese Schuldgefühle auf eine echte oder eine eingebildete Schuld hinweisen. Es lohnt sich aber, sie zunächst ernst zu nehmen und zu schauen, ob sie dazu beitragen können, wichtige Lebensthemen ehrlicher in den Blick zu nehmen.

Sich der Schuld stellen

Schuldhaftes Verhalten gereicht mir, meinen Mitmenschen und meiner Umwelt zum Schaden. Die sich daraus möglicherweise ergebende Schuld muss angeschaut und auf eine angemessene Weise bearbeitet werden, da sie sonst etwas mit uns »macht«: Wenn wir schuldig geworden sind, wird unsere Seele nicht ruhen, bis wir uns unserer Schuld stellen und Wege beschreiten, die uns von der Schuldenlast befreien. Dass wir uns ihr stellen, setzt voraus, dass wir mit unserer Schuld in Berührung sind, uns unserer Schuld bewusst sind und sie annehmen. Schuld, die nicht wahrgenommen und angenommen wird, löst sich nicht einfach auf. Sie bleibt uns erhalten.

»Solange ich schwieg, zerfiel mein Gebein, endlos währte mein Stöhnen. Schwer lag auf mir deine Hand bei Tag und bei Nacht, meine Kraft verdorrte wie unter Gluten des Sommers. Da habe ich dir meine Sünde bekannt, nicht länger verbarg ich dir meine Schuld. Ich sprach: Bekennen will ich dem Herrn meine Bosheit! Und du hast mir die Schuld meiner Sünde vergeben.« (Psalm 32,3–5)

Solange wir unsere Schuld nicht wahrnehmen und als Realität annehmen, wird sie wie eine Last auf uns liegen. Sie drückt uns nieder, raubt uns unsere Energie, unseren Enthusiasmus und unsere Unbefangenheit. Sie nagt an uns, lässt uns nicht in Ruhe. Sie spaltet und isoliert. Wir mögen ihr ein schönes Kleid anziehen und so tun, als gehöre sie nicht zu uns, wir mögen sie mit noch so vielen Rationalisierungen und Schönfärbereien zudecken, doch sie bleibt uns erhalten. Sie begegnet uns in unseren Träumen – »Auch mahnt mich mein Herz in der Nacht« (Psalm 16,7) –, liegt uns zuweilen schwer auf dem Magen und drückt uns nach unten.

Solange die Schuld auf diese Weise auf sich aufmerksam macht, kann das noch eine gesunde Weise sein, sich in Erinnerung zu bringen. Wenn sie aber so sehr verdrängt, so sehr von unserem Selbst abgespalten und weggehalten wird, dass sie sich nicht mehr in Erinnerung und zu Gehör bringen kann, muss sich die Schuld subtilere Wege suchen, um auf sich aufmerksam zu machen und ihre Anwesenheit in Erinnerung zu bringen.

Wenn wir uns schuldig gemacht haben, nagt die Schuld an uns

Der berühmte Schweizer Psychologe C.G. Jung erzählt von einer Frau, die ihre Freundin vergiftet hatte, um deren Mann heiraten zu können. Sie hatte alles so arrangiert, dass kein Verdacht auf sie fiel. Aber sie konnte ihr Schuldgefühl nicht loswerden. Sie fühlte sich ausgeschlossen von der Gemeinschaft der Menschen. Als Reiterin machte sie die Erfahrung, dass sogar das Pferd sie abwarf. Sie war ausgeschlossen von den Tieren, ja sogar von der Pflanzenwelt, denn die Pflanzen in ihrem Zimmer gingen ein. In dieser Situation kam sie zu C.G. Jung. Er schreibt: »Sie musste beichten, und zu diesem Zweck kam sie zu mir. Sie war eine Mörderin, aber darüber hinaus hatte sie sich auch selbst gemordet. Denn wer ein solches Verbrechen begeht, zerstört seine Seele (…). Die Frau ist durch den Mord sogar den Tieren fremd geworden und in eine unerträgliche Einsamkeit geraten. Um ihre Einsamkeit loszuwerden, hat sie mich zu ihrem Mitwisser gemacht. Sie musste einen Mitwisser haben, der kein Mörder war. Sie wollte einen Menschen finden, der ihre Beichte voraussetzungslos annehmen konnte, denn damit würde sie gewissermaßen wieder eine Beziehung zur Menschheit gewinnen.«

Schuldverleugnung

Es gibt Situationen, in denen wir uns nach objektiven Gesichtspunkten eindeutig schuldig machen, etwa wie im Fall der oben erwähnten Frau, die ihren Mann getötet hat, aber auch, wenn wir etwas stehlen, jemanden betrügen, einem anderen Schaden an Leib oder Seele zufügen. Im letzteren Fall kann es bei näherem Hinsehen auch Gründe geben, die das relativieren. Berühmt geworden ist das sogenannte Fringsen. Damit wurde in der Nachkriegeszeit das »Stehlen« von Kohle bezeichnet, die vom Lkw herunterfielen. Der damalige Erzbischof Joseph Frings von Köln meinte, in diesem Fall könne man angesichts der Notlage der Menschen nicht von stehlen sprechen.

Anders verhält es sich, wenn wir das schuldhafte Verhalten schönfärben und tatsächlich vorhandene Schuld, die damit verbunden ist, nicht beachten. In einem Fall mag ein Verhalten, das objektiv nach Schuld aussieht, sich als ein nichtschuldiges Verhalten erweisen und wir können in Frieden damit leben. Im anderen Fall bleibt uns die Schuld erhalten, auch wenn wir sie »weichgespült« haben. Wir ziehen es dann vor, die Schuld zu umgehen. Dafür gibt es viele Mechanismen, deren wir uns bewusst oder unbewusst bedienen.

Verharmlosung von Schuld

Manche verharmlosen ihre Schuld, indem sie sich in ihren »Innenraum« zurückziehen, den sie für heilig und unantastbar erklären. Niemand hat dort Zugang, sagen sie. Doch so sehr jeder ein Recht auf einen Raum hat, der ihm alleine vorbehalten ist, so sehr trägt jeder auch die Verantwortung dafür, welche Auswirkungen sein Verhalten auf andere und seine Umwelt hat.

Ein biblisches Beispiel: Als König David sich in Batseba verliebte, die mit Urija verheiratet war, veranlasste er, dass ihr Mann an die vorderste Front geschickt wurde, wo er dann auch bald den Tod fand (vergleiche dazu 2 Samuel 11,1–27). Nach kurzer Trauerzeit ließ David Batseba in sein Haus holen. Zunächst versuchte er sein schuldhaftes Verhalten zu verharmlosen. Man solle den Tod von Urija nicht für so schlimm erachten, »denn das Schwert frisst bald hier, bald dort« (2 Samuel 11,25), argumentiert der König. Doch Gott, so wird weiter berichtet, gab sich damit nicht zufrieden. Er schickte Natan zu David, der ihm mit einer Geschichte die Augen öffnete, sodass der König am Ende sagen konnte: »Ich habe gegen den Herrn gesündigt.« Natan antwortete darauf David: »Der Herr hat dir deine Sünde vergeben« (2 Samuel 12,13).

Wenn die Auswirkungen des eigenen Verhaltens auf Dritte außer Acht gelassen werden, wird dieses Verhalten aus dem sonstigen Beziehungssystem »herausgestanzt«. Man baut sein eigenes Reich auf, das seine eigenen Gesetze kennt, zumindest für einen bestimmten Bereich seines Lebens. Um das aber ermöglichen zu können, muss man das Mitgefühl, die Empathie für die Menschen, die von diesem Verhalten betroffen sind, außer Kraft setzen. Man muss abstumpfen, diese Gefühle einschläfern, denn sonst würden sie sich wieder melden, sei es als anklagendes Gewissen, als Schuldgefühl oder als Mitfühlen und Erbarmen. Wenn es in einer solchen Situation gelingt, das Einfühlungsvermögen und Mitgefühl auszuschalten, vermag man anscheinend friedlich leben zu können. Martin Buber sagt von einer solchen Person: »Ein Mensch lädt eine Schuld auf sich gegenüber einem anderen und verdrängt sein Wissen um sie.« Er untermauert seine Aussage mit folgendem Beispiel: »In einem Fall, an den ich besonders denke, dem Fall einer Frau, die einer anderen den Mann nahm, gelang es dem Analytiker, die ›Heilung‹ so gründlich zu betreiben, dass die Pein völlig aufhörte, die Patientin ›aus der Seele hervorkam‹ und in einer Fülle von angenehmen, von ihr als freundschaftlich empfundenen gesellschaftlichen Beziehungen ihr Leben fort- und ablebte: Jene unablässige schmerzensreiche Mahnung an das ungesühnte, an das gestörte und zurechtzuschaffende Verhältnis zum Sein war ausgetilgt. Ich nenne diese erfolgreiche Kur die Auswechslung des Herzens. Das zur restlosen Zufriedenheit funktionierende Kunstherz tut nicht mehr weh; das vermag nur eines von Fleisch und Blut.«

Zelebrieren von Schuld

Manche verklären, verdrängen oder verharmlosen ihre Schuld, andere dagegen schwelgen in ihren Schuldgefühlen und zelebrieren sie. Sie machen sich ständig Vorwürfe und zerfleischen sich innerlich, lassen ihre Schuld nicht los, drücken sie wie eine Dornenkrone immer tiefer auf ihr Haupt, sodass sie tief in ihr Fleisch schneidet. Sie benutzen die Schuld, um sich zu quälen

»Lass' dich nie ein Ding gereuen, das vorbei ist!« (Antonius von Padua)

und zu erniedrigen. Ein unproduktives Unterfangen, bei dem die Schuld beziehungsweise die Schuldgefühle nicht verlorengehen und aus dem nichts Gutes erwächst. Im Gegenteil.

Stehe ich zu meiner Schuld, löse ich die Schwere, die mich hinunterzieht, auf. Ich schleppe nicht länger etwas mit mir herum, das mich davon abhält, unbeschwert leben zu können. In diesem Sinn kann man auch die Aussage des heiligen Antonius verstehen: »Lass' dich nie ein Ding gereuen, das vorbei ist!« Für mich bedeutet das, keinen »Mummenschanz« mit Schuld zu treiben, ihr keine »Hausaltäre« zu errichten, die man jeden Tag mit Hingabe pflegt.

»Glückliche« Schuld

In der Osternachtsliturgie ist in einem Gesang zu Anfang, dem »Exsultet«, die Rede von der »glücklichen« Schuld. Sie hat im österlichen Kontext sicher einen heilsgeschichtlichen Hintergrund. Doch für manche Menschen kann sich Schuld

Zwei Mönche befinden sich auf dem Heimweg zu ihrem Kloster. Dabei kommen sie an eine Furt. Dort steht eine wunderschöne Frau. Einer der Mönche sagt zu ihr: »Ich trage dich über das Wasser.« Er packt sie und trägt sie hinüber. Auf der anderen Seite setzt er sie wieder ab. Die beiden Mönche gehen schweigend weiter. Am Abend sagt der eine Mönch: »Ich glaube, du hast einen Fehler begangen, als du die Frau gepackt und über die Furt getragen hast. Du weißt, es ist uns nicht gestattet, eine Frau zu berühren.« Darauf antwortet ihm der andere Mönch: »Ich habe sie nur über den Fluss getragen. Du trägst sie immer noch mit dir.«

»Es gibt viele Heilige, die zuerst arge Sünder waren, auch die Sünde kann ein Weg zur Heiligkeit sein, die Sünde und das Laster (...). Wir müssen durch so viel Dreck und Unsinn tappen, um nach Hause zu kommen. Wir haben niemand, der uns führt, unser einziger Führer ist das Heimweh.« (Hermann Hesse)

auch als glückliche Schuld erweisen, wenn sie dazu beiträgt, dass sie wahrhaftiger und menschlicher werden. Manchmal muss man vielleicht erst schuldig werden, um sich selbst als des Erbarmens bedürftig zu erleben und um schließlich zum Erbarmen sich selbst gegenüber zu finden. Und man darf nicht vergessen: Auch viele Lebensbeschreibungen berichten über die Heiligen, dass sie nicht mit einer weißen Weste geboren wurden.

Es gibt Menschen, die sich so festgebissen haben an ihrem Ideal von Vollkommenheit und Heiligkeit, dass sie gar nicht mehr merken, wie weit sie sich dadurch von ihrem wahren Menschsein entfernt haben und wie sehr ihnen die Demut abhanden gekommen ist. Für solche Menschen mag folgende Erkenntnis von C. G. Jung, die einen echten Moralisten auf die Palme bringen muss, zu einer großen, aber hilfreichen Herausforderung werden: »Er muss vielleicht das Böse und seine Macht erleben und erdulden, weil er nur so seine Wertung anderen Menschen gegenüber endlich aufgeben kann. Vielleicht muss ihn – nennen Sie es wie immer – das Schicksal oder das Unbewusste oder Gott ganz gehörig auf die Nase und in den Dreck fallen lassen, weil nur ein massives Erleben ›anschlägt‹ und ihn aus seinem Infantilismus ein Stück weit herausreißt und reifer macht. Wie soll ein Mensch erfahren, wie nötig er eine Erlösung hat, wenn er selbstsicher meint, er brauche von nichts erlöst zu werden? Ein Mensch sieht seinen Schatten, seine schiefe Ebene, aber er wendet den Blick davon ab, flieht, konfrontiert sich nicht, setzt sich nicht damit auseinander, wagt nichts – und rühmt sich dann vor Gott, vor sich, vor den Menschen seines weiß und unbefleckt gebliebenen Kleides, das er in Wahrheit seiner Feigheit, seiner Regression, seinem Angelismus und Perfektionismus verdankt. Und statt sich zu schämen, steht er vorn im Tempel und sagt: ›Ich danke dir, dass ich nicht bin wie diese da (…)‹«

In solchen Worten steckt eine große Herausforderung für jene, die Reinheit und Vollkommenheit für wichtiger erachten, als sich dem wirklichen Leben zu stellen. Bei der Auseinandersetzung mit sich und dem wirklichen Leben würden sie sich möglicherweise »schmutzig« machen. Es würde sie aber auch vom Sockel ihres Vollkommenheitsstrebens herunterholen. Die kalte Luft, die ihnen auf ihrem Sockel um die Nase weht, die Distanz und die Isolation, die sie dort oben von den anderen getrennt sein lässt, könnten sie dann mit dem wärmenden Boden echter Menschlichkeit und Mitmenschlichkeit vertauschen. Sie würden dadurch herausgefordert werden, sich der Wirklichkeit und ihrer Menschlichkeit zu stellen, die sie in ihrem Vollkommenheitsstreben so sehr zu umgehen versuchen. Dabei lässt es sich doch auf dem nährenden Boden menschlicher Wirklichkeit leichter und schöner leben als auf dem steinigen Sockel einer leblosen, entseelten Ideologie, die einen nicht zu nähren vermag, sondern ausmergelt.

»Ich habe kein Verlangen, vollkommen zu sein, wie der vollkommene Mensch vollkommen ist. Ich habe kein Verlangen in mir, dieses Polizei-Gewissen zu unterhalten, das alle Pfade belauert, um die Sünde zu ergreifen, die vorbeigeht. Ich habe keine Lust, diese geheiligte Strapaze auf mich zu nehmen, die Nacht und Tag misst, ausrichtet, schneidet, stutzt, hobelt, kratzt, um aus einem Nussbaum, einem lebendigen Baum, eine richtige Sargplanke zu machen.« (Marie Noël)

Existenzielle Schuld

Bisher war vor allem von Schuld die Rede, die sich ergibt, wenn wir durch unser Fehlverhalten uns selbst, anderen, der Umwelt oder Gott Schaden zugefügt haben. Es gibt darüber hinaus aber auch eine Schuld, der in der Regel nicht die gleiche Aufmerksamkeit geschenkt wird, die aber dennoch im Leben vieler – oft subtil – vorhanden ist. Es handelt sich dabei um die existenzielle Schuld.

Von existentieller Schuld kann ich sprechen, wenn ich mein Leben nicht gelebt habe, die mir grundsätzlich gegebene Möglichkeiten nicht nutze, nicht die Verantwortung für mich und mein Leben übernehme, die ich übernehmen sollte. Im existenziellen Schuldbewusstsein und Schuldempfinden meldet sich »eine positive, konstruktive Kraft, ein Führer, der uns zu uns selbst zurückruft«, wie der Psychologe Irving D. Yalom sagt. Die existenzielle Schuld ist also mehr als ein unangenehmer Gemütszustand, sie ist »ein Symptom, das durchgearbeitet und überwunden werden kann«.

Sie ist sozusagen ein Ruf von innen. Der heilige Augustinus sagt: »Es gibt jemanden in mir, der mehr ich selbst ist als mein Selbst.« Diese Schuld ruft nach Wiedergutmachung, danach, die zu sein, die wir wirklich sind beziehungsweise werden. Existenzielle Schuld kann sich auch in Bedauern oder Reue zeigen, nicht das mit unserem Leben getan zu haben, was wir eigentlich hätten tun können. Irvin D. Yalom führt dafür folgendes Fallbeispiel an: »Eine Patientin suchte mich auf wegen schwerer Depressionen und Gefühlen von Wertlosigkeit. Sie war fünfzig Jahre alt und seit zweiunddreißig Jahren mit einem hochgradig gestörten, gehässigen Mann verheiratet. Bei vielen Gelegenheiten in ihrem Leben hatte sie erwogen, eine Therapie zu beginnen, hatte sich aber dagegen entschieden, weil sie fürchtete, dass die Selbsterforschung zu einem

Bruch ihrer Ehe führen würde, und sie konnte sich nicht dazu durchringen, sich der Isolation, dem Schmerz, der Schande, der wirtschaftlichen Entbehrung und dem Eingeständnis des Versagens auszusetzen. Schließlich war sie so gebrochen, dass sie gezwungen war, Hilfe aufzusuchen. Obwohl sie physisch in meiner Praxis präsent war, weigerte sie sich, sich auf die Therapie einzulassen, und wir machten wenig Fortschritte. Eines Tages gab es einen dramatischen Wendepunkt, als sie über das Altern und ihre Furcht vor dem Tod sprach. Ich forderte sie auf, sich selbst dem Tod nahe vorzustellen, auf ihr Leben zurückzuschauen und ihre Gefühle zu beschreiben. Ohne Zögern antwortete sie: ›Bedauern.‹ ›Bedauern wofür?‹, fragte ich. ›Bedauern dafür, dass ich mein Leben vergeudet habe, dass ich niemals gewusst habe, was ich hätte sein können.‹ ›Bedauern‹ (ihr Begriff für existenzielle Schuld) war der Schlüssel zur Therapie. Wir verwendeten ihn von da an als ständigen Führer. Obwohl monatelange harte Arbeit vor ihr lag, gab es niemals einen Zweifel an dem Erfolg. Sie erforschte sich tatsächlich (und löste auch ihre Ehe auf), und gegen Ende der Therapie war sie in der Lage, ihr Leben mit einem Gefühl der Möglichkeit statt des Bedauerns zu erfahren.«

Wir wollen oft nicht wahrhaben, dass uns bei allem Vorgegebenen ein freier Raum zur Selbstschöpfung gegeben ist, innerhalb dessen wir unser Leben bestimmen und gestalten können, ja sollen und müssen. So sehr wir uns das wünschen mögen, kann es uns zugleich auch in Angst versetzen. Diese Angst kann so stark sein, dass wir es vorziehen, uns nicht zu entscheiden, also auch nicht die Verantwortung für unser Leben zu übernehmen.

»Manche Menschen ziehen es vor, im warmen Daunenbett der Schuldgefühle liegen zu bleiben statt ihr Leben in die Hand zu nehmen.« (nach C. G. Jung)

Dann aber stellen wir uns nicht der Herausforderung, unseren eigenen Lebensentwurf zu finden, in dem unsere Einmaligkeit zum Ausdruck kommt.

Sehr treffend wird das im »Gleichnis vom anvertrauten Geld« zum Ausdruck gebracht, das wir Matthäusevangelium (25,14–30) finden: Ein Verwalter, der auf Reisen geht, vertraut seinen Knechten in seiner Abwesenheit einige Talente Silbergeld an: Der erste bekommt fünf, der zweite zwei und der dritte eines. Als der Verwalter zurückkehrt, hat der, der fünf beziehungsweise zwei Talente erhalten hat, das Geld so angelegt, dass er fünf beziehungsweise zwei weitere dazu erwirtschaftet hat. Derjenige, der nur eins erhalten hatte, »ging und grub ein Loch in die Erde und versteckte das Geld seines Herrn«. Später, als er seinen Talent wieder zurückbrachte, sagte er: »Weil ich Angst hatte, habe ich dein Geld in der Erde versteckt. Hier hast du es wieder.« Sein Herr lässt diesem daraufhin das Talent wegnehmen und es dem geben, der fünf Talente hinzugewonnen hatte. Das meint: Wer gegen die Angst angeht, die ihn daran hindert, die ihm gegebenen Möglichkeiten seines Lebens zu nutzen, der gewinnt dazu. Wer sich vor lauter Angst versteckt, dem Leben aus dem Weg geht, seine grundsätzlich gegebenen Möglichkeiten nicht nutzt, wird verlieren.

Das aber bleibt nicht »ungebüßt«. Existenzielle Schuld macht sich in uns breit. Sie rührt aus der Verletzung unseres Selbst her. Sie »entspringt dem Bedauern beim Bewusstwerden eines ungelebten Lebens, der ungenutzten Möglichkeiten in uns«, wie Yalom meint. Der beste Weg aus dieser Art von Schuld besteht darin, umzukehren, um von jetzt an die

»Man kann für die Vergangenheit nur büßen, indem man die Zukunft verändert.« (Irvin D. Yalom)

Verantwortung für die Zukunft und das Leben in die Hand zu nehmen. Dafür bedarf es eines »Wandelns im Herzen«, der oft erst durch Schicksalsschläge, durch neue tiefe Einsichten bewirkt wird.

Das Gewissen

Schuld zu erkennen, sie ernst zu nehmen und mit der Zeit anzuerkennen ist die Voraussetzung dafür, um umzukehren und wieder einen neuen Anfang machen zu können.

Beim Erkennen unserer Schuld kommt unserem Gewissen eine besondere Bedeutung zu, aber es ist gar nicht immer so einfach, herauszufinden, wo wir uns wirklich schuldig gemacht haben, auch wenn das oft so dargestellt wird. Die Umstände, der Kontext müssen bedacht und berücksichtigt werden. In dem Gefühl, sich schuldig gemacht zu haben, kann sich bereits das Gewissen melden. Im Unterschied zum Soziopathen, der in seiner Fähigkeit, Schuld zu erkennen beschränkt ist, spürt man dann den Gewissensbiss. Er kann Ausdruck dieser inneren Instanz sein, die uns befähigen soll, echte Schuld zu erkennen. In einem solchen Fall kann sich dann das Gewissen als zuverlässiger und konstruktiver Indikator erweisen.

Doch diese innere Instanz, die wir Gewissen nennen, kennt keinen Automatismus. Sie ist Schwankungen, sie ist der Menschlichkeit unterworfen. Zudem gibt es eine Art von Gewissensbiss, der nicht mehr nur ein Anrufen, ein Warnsignal, Ausdruck von innerem Nicht-stimmig-Sein ist, sondern einfach nur verletzt, der zu hart, zu brutal ausfällt, der lähmt und destruktiv wirkt. So kann ein überstrenges Über-Ich, das eine hundertprozentige Erfüllung der Ideale fordert, die Freude, die Lust, das Gefühl von Zufriedenheit aus unserem Leben vertreiben. Schauen wir uns daher zunächst einmal diese Instanz, die für die Schulderkenntnis und das Schuldbewusstsein mit verantwortlich ist, näher an.

Schuld erkennen

Jeder wird auf ganz unterschiedliche Weise sein Gewissen erfahren. Offensichtlich gibt es aber in uns eine Instanz, eine Stimme, vielleicht manchmal auch nur ein Gefühl, die oder das uns darauf hinweist, was richtig oder falsch ist. Unser Gewissen ist mitgeprägt von unserer Lebensgeschichte, eigenen inneren Entwicklungen, unserer Mitwelt und unserem Selbst, jenem inneren, geheimnisvollen Mittelpunkt unserer Person. Darin und darüber hinaus kann das Gewissen auch Gottes Stimme sein.

Das Gewissen kann jedenfalls einen großen Einfluss auf unser Leben ausüben und zu einer Kraft werden, die uns aufrecht, lebensbejahend, weitherzig, zuversichtlich und verantwortlich durchs Leben gehen lässt. Es kann aber auch zu einer Kraft in uns werden, die uns knechtet, niederhält, engherzig sein lässt, uns unfrei und unfähig macht, eigene Verantwortung für uns, unser Verhalten und unsere Handlungen zu übernehmen.

Jeder dürfte auf ganz verschiedene Weise über solche Erfahrungen verfügen. Die Erklärungsversuche über die Entstehung und die Bedeutung des Gewissens zeigen, dass recht unterschiedliche Auffassungen über das Gewissen an sich und über seine Zuverlässigkeit bestehen.

»Es gibt eine ewige Wahrheit im Menschen«

Im ersten Buch Mose (Genesis 3,5) heißt es: »Ihr werdet sein wie Gott und wissen, was gut und böse ist.« Nur die Götter wissen, was gut und böse ist, kommentiert C.G. Jung diese Stelle im Alten Testament. Weiter meint er: »Wir sind aber alle nur beschränkte Menschen und wissen konkret gesehen im Grunde

»Die moralischen Auffassungen liegen oft so weit auseinander, wie der Geschmack bezüglich der Leckerbissen bei den Eskimos und bei uns.« (C.G. Jung)

nicht, was in diesem Falle gut und was böse ist. Wir wissen es nur abstrakt. Eine konkrete Situation restlos zu durchschauen, ist Sache des lieben Gottes. Wir können uns wohl eine Meinung darüber bilden, ohne zu wissen, ob sie letztlich gültig ist. Wir können höchstens vorsichtig sagen: Nach dem und dem Maßstab ist das und das gut oder böse ... Die moralischen Auffassungen liegen oft so weit auseinander, wie der Geschmack bezüglich der Leckerbissen bei den Eskimos und bei uns.«

Es liegt also eine persönliche ethische Entscheidung und eine schöpferische Freiheit zugrunde, ob ich das moralische Gesetz beachte oder nicht. Und zugleich gehört das Gewissen zur Grundverfassung der Psyche des Menschen, es ist gewissermaßen eine eingeborene, strukturelle Eigenschaft, die ihm schon immer innewohnt.

Erbsünde

In dieser Hinsicht ist gerade in christlicher Tradition ein Aspekt von großer Bedeutung: der der Erbsünde. Im Anschluss an die oben schon erwähnte Geschichte in Genesis 3 geht man von einem urzeitlichen »Sündenfall« aus, begangen von Adam und Eva. Die Geschichte ist bekannt: Trotz des Verbotes lassen sich die beiden von der Schlange dazu verführen, vom »Baum der Erkenntnis von Gut und Böse« zu essen. Das führt zunächst dazu, dass die beiden bemerken, dass sie nackt sind. Dann verstecken sie sich aufgrund ihres schlechten Gewissens vor Gott, der sie aber natürlich trotzdem findet und sie schließlich wegen ihres Ungehorsams aus dem Paradies verbannt. Die sogenannte Erbsünde, die daraus resultiert, meint eine Art Ursprungssünde, mit der für alle Menschen, so die katholische Lehre, ein

»Ich danke dir, Vater im Himmel, dass ich aus Wasser und Geist neu geboren wurde in der Taufe. Ich darf mich dein Kind nennen, denn du hast mich aus Schuld und Tod gerufen und mir Anteil an deinem Leben geschenkt.« (Erneuerung des Taufversprechens laut »Gotteslob«)

grundsätzlicher Mangel an Gnade verbunden ist. Nach gängiger protestantischer Auffassung geht damit eine so gravierende Beeinträchtigung der Beziehung des Menschen zu Gott einher, dass der Mensch diese selbst nicht überwinden kann, sondern dabei völlig auf die Gnade Gottes angewiesen ist. Ökumenische Ansätze sprechen hier von einer Schuldverstrickung und Schuldgeschichte, in die wir alle hineingeboren werden und mit der wir ohne unser Zutun konfrontiert und belastet werden. Durch die Taufe wird den Menschen jedoch die Befreiung von der Erbsünde zuteil.

Das Gewissen als Über-Ich

Im Unterschied zu C. G. Jung ist für Sigmund Freud das Gewissen auf äußere Einflüsse zurückzuführen. Freud nennt es Über-Ich, das sich aus der Verinnerlichung zum Beispiel aller elterlichen Verbote zusammensetzt. In seiner Funktion als Gewissen kommt dieses Über-Ich vor allem als Strafrichter und Zensor zum Ausdruck. Es ist der Gegenspieler des »Es«, das für die unbewussten Triebe und das Triebleben steht und das Freud einmal als »brodelnden Kessel« bezeichnet hat.

Als Gewissen ist das Über-Ich ständig auf der Hut. Seine Ausprägung kann je nach Person unterschiedliche Intensitätsgrade von Strenge umfassen. Johannes Cremerius spricht von einem krankhaften pathologischen Über-Ich, »wenn eine Dauerspannung zwischen dem Ich und den Ansprüchen des Gewissens besteht, die so stark ist, dass das Über-Ich als gesonderte

Struktur in Erscheinung tritt und das Ich vor ihm kapituliert«. Unser Ich tritt nach der Auffassung von Freud als Vermittler zwischen unserem Über-Ich und dem Es auf: »Unser Gewissen mahnt, klagt an, verurteilt, unsere Begierden und Lüste drängen sich uns auf, während das Ich fortwährend sein Bestes tut, um ein zufriedenstellendes Gleichgewicht zu erhalten.«

»Die verborgene Mitte in jedem Menschen«

Nach Auffassung der Theologie erfährt »der Mensch unmittelbar in der Tiefe seines Gemütes die sittliche Qualität einer konkreten persönlichen Entscheidung oder Tat«, wie es das Theologische Taschenwörterbuch erklärt. In diese Richtung zielt auch die Kernaussage des Zweiten Vatikanischen Konzils über das Gewissen: »Das Gewissen ist die verborgene Mitte und das Heil in jedem Menschen, wo er allein ist mit Gott, dessen Stimme in diesem seinem Innersten zu hören ist. Im Gewissen erkennt man in ausgezeichneter Weise jenes Gesetz, das in der Liebe zu Gott und dem Nächsten seine Erfüllung hat.«

Dort in dieser verborgenen Mitte, so die Überzeugung der christlichen Lehre, spüren wir, ob wir uns richtig verhalten

Unter ***Sünde*** *versteht man (nach der Definition im »kleinen theologischen Wörterbuch«) die freie, existenziell radikale Entscheidung gegen den in der Ordnung der Natur und Gnade geoffenbarten Willen Gottes. Die Voraussetzung dafür, dass es sich tatsächlich um eine Sünde handeln kann, sind voll einsichtiges Wissen, Freiheit und ein »wichtiger, bedeutsamer Gegenstand«. Der Mensch versagt sich in der Sünde also dem Willen Gottes zu den Grundstrukturen seiner Schöpfung und seines Bundes sowie Gottes Willen zu seiner Selbstmitteilung an den Menschen. Somit ist die Sünde quasi »widernatürlich«, also dem eigentlichen Wesen des Menschen entgegengesetzt.*

oder uns schuldig gemacht, uns gegen jemand verfehlt haben. Wenn dies der Fall ist, dann ist in diesem Zusammenhang auch von Sünde die Rede. Sünde wird dabei – wie schon in Bezug auf die Erbsünde erwähnt – als eine Störung in der Beziehung zu Gott verstanden.

Sünde und Gericht

Durch die Sünde ist unser Verhältnis zu Gott getrübt. Bei einer schweren Sünde sogar erheblich gestört, bis dahin, dass wir von Gott getrennt sind. Wir wenden uns damit gegen Gott, seine Ordnung, seine Gesetze und Gebote, die uns im Dekalog, den sogenannten Zehn Geboten, vorgelegt werden. Sie bestehen aus Geboten und Verboten. Laut diesen Zehn Geboten ist es verboten, fremde Götter zu verehren, zu töten, Ehebruch zu begehen, zu stehlen, falsches Zeugnis zu geben und nach dem Besitz oder der Frau des Nächsten zu verlangen. Geboten ist jedoch die Ehrung des Sabbats und der Eltern. Dem Gewissen traut man zu, diese und andere ethische Werte, Gebote und Gesetze zu erkennen und sie als Richtschnur zu sehen für die Entscheidung, welches Verhalten als gut und welches als schlecht oder böse zu beurteilen ist. Nach Paulus gibt es so etwas wie das ins Herz eines Menschen eingeschriebene Gesetz, das ihm als innere Kontrollinstanz dient.

Von einem Christen wird erwartet, dass er sich in seinem Verhalten daran orientiert. Tut er das nicht, entfremdet er sich Gott und muss, wenn er sein Verhalten nicht bereut und wiedergutmacht, auch mit der Strafe Gottes rechnen, sich vor Gottes Gericht dafür verantworten.

Wir vermeiden heute oft das Sprechen von Gottes Gericht, auch weil vielleicht früher zu viel davon gesprochen und damit gedroht wurde. Doch wenn wir den Gedanken des Gerichtes weglassen, das uns im Tod erwartet, dann können wir uns kaum vorstellen, dass Täter und Opfer im Himmel zusammenleben können. Entweder werden wir dann rigoros: Alle Täter werden in der Hölle landen. Oder aber das Leben wird beliebig: Es ist ganz gleich, wie ich hier lebe. Wir werden doch alle in den Himmel kommen. Das führt aber bei den Opfern zur Resignation: Die Täter haben das gleiche Schicksal wie wir Opfer. Damit Täter und Opfer zusammenleben können, müssen sie gerichtet, ausgerichtet werden auf Gott hin, ausgerichtet auf die Liebe, auf die Wahrheit, auf die Vergebung.

Das heißt: Es geht darum, dass wir uns vor Gott verantworten müssen für unser Tun. Wir müssen die Schuld, die wir durch unser Fehlverhalten auf uns geladen haben, abtragen, um wieder die Verbundenheit mit Gott, die Nähe zu ihm erfahren zu können. Solange das nicht geschieht, bleibt die Störung in unserer Beziehung zu Gott bestehen, meldet sich unser Gewissen, mahnt uns, erinnert uns, dass da etwas nicht in Ordnung ist.

Doch das Gewissen meldet sich nicht nur, wenn wir etwas falsch gemacht haben. Es hilft uns auch, die richtigen Entscheidungen zu treffen, ja sogar – so Augustinus – Gottes Willen zu erkennen. Durch unser Gewissen werden wir herausgefordert, dieses zu tun, jenes zu lassen. Dabei sind wir darauf angewiesen, es formen zu lassen von dem, was uns als Werte zum Beispiel durch die Bibel, aber auch durch die Kirchen – siehe die erwähnten Zehn Gebote – vermittelt wird.

Wenn im Zusammenhang von Kirche von Gewissen die Rede ist, wird dies oft als Instanz kirchlicher und da vor allem moralischer Vorstellungen verstanden. Ein solches Gewissen trage aber, so ein oft gemachter Vorwurf, vielfach nicht zur Bereicherung menschlichen Lebens, sondern zu einer unnötigen Einschränkung und Verarmung bei. Diese Vorbehalte mögen unter anderem darauf zurückzuführen sein, dass viele Menschen aufgrund einer einseitigen religiösen Erziehung und einer davon mitgeprägten Gewissensformung psychischen Schaden erlitten haben.

Wer beispielsweise manche Vorstellungen der Kirche im Bereich der Sexualität kennt, wird in der Tat feststellen müssen, dass die Betonung dabei oft zu sehr auf dem Einschränkenden und nicht auf dem Befreienden liegt. Zuweilen gewinnt man sogar den Eindruck, dass der Moral der Bezug zur Seele, der Bezug zu einem Herzen aus Fleisch und Blut, das des Erbarmens fähig ist, abgeht. Moral ohne Seele aber ist Moralismus.

So wird es manchen zunächst schwerfallen zu akzeptieren, dass die Kirche einen Beitrag zur Gewissensbildung leistet kann. Seelsorger, die mit dem Drohen der Hölle die Gewissensbildung anderer, vor allem aber die der Kinder beeinflussen wollen, tun das sicher auch nicht. Sie machen sich vielmehr schuldig. Aus ihren Worten spricht nicht selten ihre eigene Unerlöstheit. Im Unterschied zu jenen, die die Bedeutung des Gewissens hervorheben, das die verborgene Mitte und das Heil in jedem Menschen ist, wo er allein ist mit Gott, dessen Stimme in diesem seinem Innersten zu hören ist und es der Kontaktaufnahme mit dieser verborgenen Mitte bedarf, um in der Lage zu sein, herauszufinden – manchmal auch mithilfe einer Begleiterin –, ob und wann wir uns schuldig gemacht haben.

Wer Menschen bei der Gewissenbildung helfen will – sei er Priester, Pastor, Pastoralreferent, Religionslehrer, einfach Christ und Christin –, dessen Blick muss manchmal den engen Rahmen des offiziell Katholischen oder Protestantischen überschreiten, um in eine Weite und in eine Tiefe vorzudringen, die wir nur dann erreichen können, wenn wir bereit sind, unseren Blick weiterschweifen zu lassen, auch dann, wenn andere und anderes, darunter auch kirchliche Vorschriften, sich dazwischenstellen und es einem schwer machen.

Weiter kann man als Mitmensch auf eine positive Weise bei der Gewissensformung anderer mitwirken, wenn man statt der Strafe das Erbarmen und die Fähigkeit des Sich-Erbarmens in den Vordergrund stellt und fördert. Das geschieht auch, wenn die Menschen in einer Gemeinde sich in gegenseitiger Annahme und Barmherzigkeit begegnen, immer ihrer eigenen Menschlichkeit und Unvollkommenheit eingedenk.

Wenn Menschen in einer Pfarrgemeinde die Fähigkeit des tiefen Mitfühlens pflegen und fördern, kann diese zu einem Ort der Gewissensbildung werden. Sie kann dann mit dazu beitragen, dass unser Herz die Regie bei der Gewissensbildung übernimmt und so in unserem Gewissen immer mehr, immer deutlicher, immer spürbarer unser Herz zum Ausdruck kommt.

Ein Bild für Gewissen, das in diesem Zusammenhang in mir auftaucht, ist das des Mutterschoßes. Im Hebräischen wird für Mutterschoß und Erbarmen der gleiche Begriff gebraucht. Der Mutterschoß steht für Erbarmen, aber auch für Mitleiden, Empfindsamkeit und Sensibilität. Das Gewissen ist für mich jene Kraft in uns, die uns in besonders intensiver Weise sensibel dafür sein lässt, was richtig und was falsch ist und uns entsprechend anleitet, dieses zu tun, anderes zu lassen. Es ist – um ein anderes Bild zu gebrauchen – das Herz aus Fleisch und Blut, das sich meldet, wenn wir dabei sind, uns schuldig zu machen, das wehtut, wenn wir uns schuldig gemacht haben. So ist es auch nicht erstaunlich, dass im jüdischen Denken dem Herz als dem angenommenen Zentrum der Person die Funktion des Gewissens zugeschrieben wird.

> *»Gleich wie ein Vater sich erbarmt der Kinder, so erbarmt sich der Herr aller, die ihn fürchten.« (Psalm 103,13)*

Im Alten Testament gibt es das hebräische Wort Rechem. Es hat die Bedeutung von Mutterleib, Mutterschoß. Worte, die die gleiche Wurzel haben, sind, wie schon erwähnt, »Mitgefühl zeigen«, »mitfühlen«, »mitleiden«. In Psalm 103,13 finden wir dieses Verständnis von Erbarmen, wenn es dort heißt: »Gleich wie ein Vater sich erbarmt der Kinder, so erbarmt sich der Herr aller, die ihn fürchten.« Im Buch Exodus (34,6) wird Gott mit diesem Begriff als »ein barmherziger und gnädiger Gott« bezeichnet.

Wenn ich Gewissen mit den Bildern des Mutterschoßes oder des Herzens umschreibe, dann will ich damit zum einen herausstellen, dass wir mit unserem Gewissen über die Fähigkeit verfügen, zu spüren – und nicht nur zu wissen –, was falsch und was richtig ist. Wenn jemand sich schuldig gemacht hat und tief in sich eine Instanz spürt, die sich meldet, dann ist das Ausdruck eines Herzens aus »Fleisch und Blut«, das wehtut, weil etwas nicht stimmt. Es geht dann nicht um ein skrupulöses, enges Abrechnen, sondern um ein gesundes, aus der eigenen Tiefe kommendes Schuldbewusstsein. Zum anderen soll mit den Umschreibungen des Gewissens mit diesen Bildern das Gewissen als eine Kraft gekennzeichnet werden, die unsere Einstellung und unser Verhalten uns selbst, anderen und Gott gegenüber von einer ganz tiefen Schicht in uns her mitgestaltet und bestimmt. So ist das Herz auch der Ort unserer Barmherzigkeit. Erst wenn wir unser Herz in unser Leben hineinwirken lassen, wir von dort her unser Leben entscheiden und bestimmen lassen, hat Barmherzigkeit eine Chance.

»Wenn du ein Herz hast, kannst du gerettet werden«, sagt Abbas Pambo, einer der sogenannten »Wüstenväter«. Die

»Er, der allen gebildet das Herz, er weiß um all ihre Werke.«
(Psalm 33,15)

Erfahrungen, die ich mache, wenn ich mir selbst mit Barmherzigkeit begegne, reichen in meine tiefste Schicht. Sie erreichen den Ort in mir, mein Herz, der für so etwas wie den Kern von mir steht. Es ist der Bereich, der vor einer intellektuellen Leistung oder einer Einsicht steht und den ich mit beidem nicht erreiche. Er ist allein über die Erfahrung zugänglich.

Die Bilder vom Gewissen als Mutterschoß und Herz unterscheiden sich deutlich von jenem, das im Gewissen einen Sklavenhalter sieht, der uns unterdrückt. Viele Menschen leiden unter einem solchen Sklavenhalter-Gewissen, das ihnen die Freude und Lust am Leben und Lieben nimmt und das mitunter erheblich zu psychischen Beschwerden und Krankheiten beiträgt. Die Gewissensbildung eines solchen überstrengen Über-Ichs erfolgt nach dem Paartherapeuten Dietmar Stiemerling durch eine frühe Identifizierung des Kindes mit den Menschen, die sich ihm gegenüber aggressiv und lieblos verhalten. Da die Aggressionen dieser Menschen von dem heranwachsenden Kind internalisiert werden und zur gefühlsmäßigen Tönung seines späteren Gewissens beitragen, entsteht eine Persönlichkeit mit einem strengen Über-Ich. Das Gewissen hebt drohend den Zeigefinger und wirft dem Betreffenden sein Versagen vor, genauso wie ihm früher die Eltern entsprechende Unzulänglichkeiten zum Vorwurf gemacht haben.

> *»Rabbi Ahron kam einst in die Stadt, in der der kleine Modechai, der nachmalige Rabbi von Lechowitz, aufwuchs. Dessen Vater brachte ihm den Knaben und klagte, dass der im Lernen keine Ausdauer habe. ›Lasst ihn mir eine Weile hier‹, sagte Rabbi Ahron. Als er mit dem kleinen Modechai allein war, legte er sich hin und bettete das Kind an sein Herz. Schweigend hielt er es am Herzen, bis der Vater kam. ›Ich habe ihm ins Gewissen geredet‹, sagte er, ›hinfort wird es ihm an Ausdauer nicht fehlen.‹« (Martin Buber)*

Wenn du ein Herz hast, das schlägt, das wirklich deine Mitte ausmacht, von dem letztlich alles ausgeht und auf das hin sich alles sammelt, dann kannst du gerettet, erlöst, befreit werden. Dann hat dein eigener Sklavenhalter, der dich wie ein Sklave hält und unterdrückt, ausgedient. Die Güte, Barmherzigkeit, Weite und Lebendigkeit deines Herzens setzen ihn außer Kraft. Er wird durch die Weite, die Lebendigkeit, die Güte deines Herzens auch dir selbst gegenüber verdrängt, außer Kraft gesetzt. »Wenn du ein Herz hast, kannst du gerettet werden« – das ist die tröstliche Botschaft für jenen, der sich selbst zerfleischt, sich selbst gegenüber nicht barmherzig sein kein.

Dynamisches Gewissen

Bei unserem Gewissen handelt es sich also nicht um einen Computer, den man entsprechend programmiert, um dann eine Mitteilung zu erhalten, wie man sich in dieser oder jener Situation zu verhalten habe. So gilt es immer wieder neu aus der jeweiligen Lebenssituation heraus, in der wir uns befinden, solche Gewissensentscheidungen zu treffen, die uns nach vorne bringen, die zur Entfaltung unseres Lebens und des Lebens anderer beitragen, die wir in Einklang bringen können mit dem, was, soweit wir es erkennen können, Gott von uns will. Das erfordert viel Beweglichkeit und Flexibilität und wird so nicht immer gelingen. In Goethes Faust heißt es: »Es irrt der Mensch, solang er strebt.« Ist man von dem wahren Weg abgekommen, wird es notwendig sein, den eingeschlagenen Weg zu korrigieren.

Hier wird sich zeigen, ob es sich bei unserem Gewissen lediglich um einen verlängerten Arm innerer und äußerer Beein-

»Es irrt der Mensch, solang er strebt.« (Johann Wolfgang von Goethe)

»Wenn ich genötigt wäre, bei den Trinksprüchen nach dem Essen ein Hoch auf die Religion auszubringen, dann würde ich trinken – freilich auf den Papst, jedoch zuerst auf das Gewissen und dann erst auf den Papst.« (Kardinal John Newman)

flussungen und Abhängigkeiten oder um ein personales Gewissen handelt, das »auf die inneren und äußeren Bedingungen abgestimmt, selbstverantwortliches Denken, Fühlen und Handeln reflektiert und sich dementsprechend verhält«, wie der Psychologe Udo Rauchfleisch meint. Dazu zählt auch die Fähigkeit, »sich nicht nur an dem zu orientieren, was ›man tut‹, sondern mutig auch ›gegen den Strom‹ zu schwimmen, wenn es die Situation und die eigenen Wertmaßstäbe erfordern.«

Wie stark das Gewissen in die Eigenverantwortlichkeit des Einzelnen gestellt ist und welche Lebendigkeit, Reife und Dynamik von ihm verlangt wird, macht C.G. Jung deutlich, wenn er von Situationen spricht, in denen Gott es uns überlässt, wie wir damit umgehen. Manchmal, so meint er weiter, zeigt sich ein klarer Weg mit seiner Hilfe. Dann wieder gibt es Situationen, in denen wir uns nicht an die Paragraphen eines vorgegebenen Moralgesetzes halten können. Damit fängt unsere allerpersönlichste Ethik an: »In der ernsten Konfrontation mit dem Absoluten, im Einschlagen eines Weges, den die landläufigen Moralparagraphen und die Hüter des Gesetzes verurteilen. Und doch spürt der Mensch, dass er vielleicht nie seinem innersten Wesen und Ruf und somit dem Absoluten treuer gewesen ist, weil nur er und der Allwissende die konkrete Situation gleichsam von innen her sehen, die Beurteiler und Verurteiler aber nur von außen.«

2 Vergebung

Vergebung als Prozess

Vergebung baut darauf, dass wir uns nicht damit zufriedengeben, für immer aus der erfahrenen Verbundenheit mit unseren Mitmenschen, mit unserer Umwelt, mit Gott herauszufallen. Da gibt es – wenn auch manchmal kaum mehr vernehmbar – eine tiefe Sehnsucht in uns, wieder in die Einheit und Verbundenheit zurückzufinden, die durch Verletzungen gestört, gar zerstört worden ist. »Vergebung ist ein anderer Name für Liebe in einer unvollkommenen Welt unvollkommener Liebhaber«, meint Henri Nouwen.

Vergebung lebt von der Hoffnung, dass an die Stelle von Hass und Hartherzigkeit als Folge von Verletzungen die Versöhnung treten kann, also Wunder geschehen können, Heilung möglich ist. Ohne die harte Arbeit, die mit Vergebung einhergeht, zu unterschätzen, sollte man aber auch nie die Macht Gottes unterschätzen, die dazu beitragen kann, dass Vergebung geschieht – wohlwissend, dass wir Menschen die Akteure der Vergebung, Gottes Hand sind.

> *»Wenn ich dich gekannt hätte und wenn du mich gekannt hättest, hättest du mich nie getötet.« (Inschrift auf einem Denkmal in Ruanda)*

Vergebung als Geschenk

In der Vergebung steckt eine Dynamik, von der eine Bewegung nach vorne ausgeht. Ich gehe einen Schritt auf den anderen zu, nachdem ich losgelassen, freigegeben habe, was mich bisher – verständlicherweise – davon abgehalten hat. Ich tue das dann aber freiwillig, aus freien Stücken. Ich gebe dem anderen etwas, schenke ihm meine Vergebung, werde zum Geschenk für ihn.

Wir können an unseren Verletzungen festhalten. Das aber ist auf Dauer eine selbstzerstörerische Haltung. Wollen wir das ändern, müssen wir vergeben können. Das setzt voraus, dass wir, ohne dass ein Ausgleich für das uns zugefügte Unrecht erfolgt, auf die gleiche Ebene kommen mit dem, der uns verletzt hat.

»Vergebung setzt die Energie frei, die vorher davon verzehrt wurde, dass Groll und Verbitterung gehegt und offene Wunden gepflegt wurden«, sagt die Psychologin Suzanne Simon. »Sie lässt die Stärken wieder hervorkommen, die wir schon immer hatten, und lässt uns unsere grenzenlose Fähigkeit wiederfinden, andere Menschen und uns selbst zu verstehen und anzunehmen.«

So kann Vergebung zu einem befreienden Geschenk werden, das wir uns selbst machen können. Dabei ist es wichtig, sich in aller Freiheit zuzugestehen, wann der Zeitpunkt für Vergebung gekommen ist. Zuvor müssen in der Regel alle Gefühle zugelassen werden, die mit dem, was einem zugefügt wurde, einhergehen. Das heißt: Ich halte einen Platz in meinem Herzen frei für die Vergebung, und wenn sie kommt, heiße ich sie willkommen.

Ein Beispiel: Eva Moses Kor ist inzwischen über 70 Jahre alt. Sie war zehn, als sie 1944 mit ihrer Mutter und ihrer Zwillingsschwester Mirjam in einem Viehwagen nach Auschwitz

»Mit meinem Gott überspringe ich Mauern.« (Psalm 18,30)

verschleppt wurde. Damals begegnete sie dort Dr. Josef Mengele, KZ-Arzt im Vernichtungslager und überzeugter Anhänger der Rassenlehre, verantwortlich für tausende Menschenversuche an wehrlosen Lagerinsassen. Eva und Mirjam überlebten Auschwitz. Als Mirjam an den Spätfolgen des KZs lebensbedrohlich erkrankte, begann Eva Kor mit der Recherche nach Mengele. Dabei stieß sie auf den noch lebenden ehemaligen SS-Arzt Dr. Hans Münch. 1993 besuchte Eva Kor diesen Arzt, der inzwischen als Landarzt im Allgäu lebte. Sie traf einen ihr reuevoll gegenübertretenden Ex-Nazi, einen alten Mann, der bereute und von Depressionen und Albträumen berichtete. Anlässlich des 50. Jahrestags der Befreiung aus Auschwitz lud Eva Kor Dr. Münch ein, mit ihr gemeinsam nach Auschwitz zu gehen. Er willigte ein. Eva Kor ließ Münch eine Erklärung unterzeichnen, mit der er die Existenz der Gaskammern bestätigte. Doch sie ging weiter. Sie veröffentlichte eine Erklärung, in der sie Münch, Mengele und allen anderen Nationalsozialisten vergab. Vergebung, so sagte sie, ist der Samen für Frieden. Die Fähigkeit zu vergeben verleihe ihr, dem Opfer, ein Gefühl der Macht über die Täter. Sie fühle sich dem Schmerz, den keiner nachholen und keine gesetzliche Gerechtigkeit ändern könne, nicht hilflos ausgeliefert. »Kein Opfer hat darum gebeten, Opfer zu sein. Niemand verdient es. Vergebung ist ein Geschenk der Befreiung von den Schmerzen der Vergangenheit. Ich verstehe, dass es auch ein Geschenk an den Täter sein kann. Aber den Schmerz zu ertragen hilft mir doch in keinem Fall weiter.« Eva Kor zitiert Abraham Lincoln: »Der beste Weg, einen Feind zu bekämpfen, ist, ihn zum Freund zu machen.« Seitdem sie Mengele und allen Nazis vergeben habe, lebe sie wie befreit, sagt Eva Kor. »Ich trage mit mir nicht mehr die Last herum, Opfer zu sein.« Als Opfer habe sie »die Macht, darüber zu entscheiden, ob sie das Opfer bleiben oder die Rolle loswerden will.« Frau Kor bezeichnet das Abschütteln der Opferrolle als »Heilung«.

Die fünf Schritte der Vergebung

Der erste ist, den Schmerz nochmals zulassen, ihn nicht zu überspringen. Der zweite heißt, die Wut zulassen, den anderen aus sich herauswerfen, sich innerlich von ihm distanzieren. Der dritte: objektiv betrachten, was sich abgespielt hat, warum es so war, wie es war. Dann erst kommt als vierter Schritt die Vergebung als Akt der Befreiung: Ich befreie mich von dem, der mich verletzt hat. Der letzte Schritt verwandelt die Wunden in Perlen: Ich spüre, dass ich durch die Verletzung stärker, zugleich aber auch sensibler und offener geworden bin. (Aus einer Predigt von Anselm Grün)

Eva Moses Kor hatte für sich selbst einen langen Weg hinter sich, bevor sie in der Lage war, ihren Peinigern und Feinden zu vergeben. So sehr die Entscheidung, einem anderen zu vergeben, die freie Entscheidung ist, die jemand irgendwann treffen kann – bis es soweit ist, geht dem oft ein langwieriger Prozess voraus. Dieser Prozess ist wichtig, um am Ende tatsächlich zu echter Vergebung fähig zu sein.

Sich der echten Auseinandersetzung stellen

So müssen wir zunächst das, was verletzt worden ist, benennen und bewerten. Wie groß ist der Schaden, der uns zugefügt wurde, wie schwer wiegt er? Wo und wie wirkt sich die Verletzung aus: in der Beziehung zu mir selbst, in der Beziehung zu anderen Menschen, in der Beziehung zu Sachen, die beschädigt worden sind, in der Beziehung zu Gott? Zudem kann und soll ich nicht einfach über die Verletzung leicht und schnell hinweggehen.

Vergeben heißt daher auch nicht, etwas tolerieren, einfach annehmen oder entschuldigen. Was einem Menschen angetan

»Ein oberflächliches ›Schon gut!‹ schafft Schuld nicht aus der Welt – nicht beim schuldigen Gegenüber und nicht bei der eigenen geschädigten Person.« (Claudia Mariele Wulf)

wurde, ist nicht zu tolerieren. Es ist verwerflich, abstoßend, tut weh, schneidet manchmal ins Fleisch. Soll Schuld wirklich vergeben werden, muss sie in ihrem ganzen Ausmaß und ihrer Auswirkung erkannt, benannt und erfasst werden, sonst bleibt sie oberflächlich oder partiell, schließt nicht alles ein, was durch das schädigende Verhalten verletzt worden ist. Damit Vergebung wirklich stattfinden kann, ist es weiter wichtig, dem anderen nicht nur oberflächlich zu vergeben, sondern aus der Tiefe des Herzens heraus. Es kann aber lange dauern, bis das möglich ist.

In Romanen, Fernsehfilmen und Fernsehreihen begegnen uns immer wieder Situationen, bei denen einer der Protagonisten Freunde oder Familienmitglieder auffordert, diesem oder jenem zu vergeben: Da ist der Vater, der nicht mehr lange zu leben hat und seinen Sohn, der sich mit seiner Ehefrau zerstritten hat, bittet, ihr zu vergeben – ihm zuliebe. Man kann nie in das Herz eines Menschen schauen, aber hier bleibt oft auch der Eindruck, dass die andere Person fast erpresst wird mit der Bitte, zu vergeben. Das aber wird in der Regel nicht zu einer wirklichen Vergebung führen. Man mag dann zwar nach außen hin oft den Eindruck erwecken, aber in der Tiefe des Herzens bleiben der Groll und der Hass. Der einer echten Vergebung vorausgehender Reinigungsprozess hat nicht stattgefunden.

Es braucht also Zeit und emotionale Arbeit, bevor echte Vergebung möglich ist. Am Anfang dieser Entwicklung stehen Gefühle von Enttäuschung, Verletztsein, Scham, Beleidigtsein bis hin zu Wut und Hass. So befremdlich das zunächst klingen mag: Manchmal müssen der Hass, die Wut, die Enttäuschung erst in ihrer ganzen Schärfe zugelassen werden, um der Vergebung den Weg zu bahnen. Aber so sehr das für die Psychohygiene und auch für einen erfolgsversprechenden Versöhnungsprozess wichtig und geradezu notwendig ist, ist es andererseits auch problematisch, dabei stehen zu bleiben, sich im Vorwurf oder Hass zu vergraben. Diese Haltung führt zu einer »Selbstvergiftung« der Seele. Wir bleiben an die Tat gebunden.

Ein Beispiel: Karl, 50 Jahre alt, hadert seit vielen Jahren, ja Jahrzehnten mit der unvollkommenen Liebe, die er von seinem Vater bekam. Ein traumatisches Erlebnis, für das er den Vater verantwortlich macht, er kann ihm nicht verzeihen. Schließlich tauchen in einem seiner Träume die Wörter »unvollkommene Liebe« auf. Er lässt diese Worte auf sich wirken. Er bleibt zunächst bei dem Unvollkommen hängen, um dann aber auch den Blick auf die Liebe zu richten. Ja, es war eine unvollkommene Liebe. Es ist eine unvollkommene Liebe. Aber es ist auch Liebe. Dann überlegt er sich: Wenn ich genauer in mein Leben schaue, dann gilt das auch für die andere Liebe, die es in meinem Leben gibt: die zu meinen Kindern, zu meiner Ehepartnerin. Und dann kommt von ihm die Aussage: Ich muss meine Wut überwinden. Ich will meine Wut überwinden. Ich kann meine Wut überwinden. Ich will meiner Wut nicht länger so viel Raum geben. Ich will meine Wut über das, was mir von meinem Vater vorenthalten worden ist, nicht länger einklagen. Ich will nicht länger darüber wütend sein. Ich bin es lange gewesen. Und das war wichtig, aber ich tue mir selbst einen Dienst, wenn ich dieser Wut nicht länger so viel Macht und Raum in meinem Leben einräume. Ganz langsam und vorsichtig entstehen die Worte Versöhnung und Vergebung, machen sich diese Worte breit im Raum: Ich will mich damit versöhnen. Ja, ich will dem Vater vergeben, was ich nicht bekommen habe. Ich will das, ich kann das. Ich kann das jetzt. Ich vergebe ihm. Ich. Ich gebe das weg, was mich bisher gehindert hat, ihm zu vergeben. Zunächst ist es ein Lächeln, dann ist es ein immer lauter werdendes Lachen, das sich daraufhin einstellt. Befreiung macht sich breit. Befreiung geschieht: *Ich* vergebe. Und ich vergebe mir dabei nichts. Vielmehr gebe ich mir dadurch etwas. Ich schenke mir dadurch etwas, indem ich vergebe, indem ich abgebe, loslasse, was mich bisher beherrscht, später zumindest eingeschränkt hat.

Versöhnung

Vergebung kann, muss aber nicht zu Versöhnung führen. Versöhnung meint den Prozess, bei dem beide Parteien zusammenkommen, um eine zerbrochene Gemeinschaft zu heilen. Was durch persönliche oder soziale Verletzungen, ein falsches Verhalten in Scherben gegangen ist, wird dabei wiederhergestellt. Oder es entsteht überhaupt erst eine Beziehung, nachdem eine bis dahin vorhandene Trennung, die sich in Feindseligkeit und Ablehnung zeigte, überwunden worden ist.

Auch hierzu ein Beispiel: Patrice, eine protestantische Theologiestudentin, war in einer Selbsterfahrungsgruppe zusammen mit Carl, einem katholischen Priester, der zwei Jahre lang als Militärpfarrer in Vietnam gewesen war. Patrice war eine engagierte Vietnamkriegsgegnerin. Von Anfang an konnten die beiden sich nicht ausstehen. Es gab immer wieder Versuche, aufeinander zuzugehen und ab und zu schlossen sie eine Art »Burgfrieden«. Doch in Wirklichkeit kamen sie nicht miteinander zurecht. In dieser Zeit musste Patrice die Entscheidung treffen, ob sie sich ordinieren lassen will. Sie hatte starke Bedenken und eigentlich bereits die Entscheidung getroffen, dies nicht zu tun. Wenige Tage bevor ihre Gruppe sich auflöste, lud Carl Patrice zum Abendessen ein. Nach dem Essen überreichte er ihr ein Geschenk. Sie öffnete es in seiner

Anwesenheit. Es enthielt den Kelch, mit dem Carl in Vietnam mit den Soldaten Eucharistie gefeiert hatte. In diesem Augenblick fiel die Mauer, die bisher zwischen ihr und Carl stand. Der Kelch und seine Geste verschafften einen Durchbruch, der den Blick für das Wesentliche eröffnete. Die Unterschiede – hier Militärpfarrer, dort Vietnamkriegsgegnerin – wurden nicht einfach weggeräumt. Sie traten lediglich in den Hintergrund, um deutlicher das, was ihnen gemeinsam war, vortreten zu lassen. Von diesem Moment an wurde Patrice auch klar, dass sie sich ordinieren lassen würde.

Wahre Vergebung und Versöhnung schließen die echte Auseinandersetzung auf der zwischenmenschlichen Ebene ein. Um wirklich eine Versöhnung herbeiführen zu können, ist es wichtig, das zur Sprache zu bringen und auf den Tisch zu legen, was zwischen mir und dem anderen steht. Oft nehmen wir uns nicht die Zeit dazu oder es fehlt der entsprechende Rahmen, der es erlaubt, ja dazu einlädt, in einer angemessenen Weise die ganze Wahrheit zur Sprache zu bringen.

Es geht dabei nicht darum, aufeinander herumzutrampeln, sich gegenseitig Vorwürfe zu machen, sich zu verletzen. Das Ziel ist vielmehr abzurüsten, das, was uns den klaren Blick füreinander versperrt, abzubauen, die Zerrbilder, die wir möglicherweise voneinander in uns tragen, zu entzerren. Es kann eine Weile dauern, bis solche Verzerrungen zurechtgerückt werden, bis ich durch das Bild hindurch, das ich mir vom anderen gemacht habe, den anderen sehe, wie er wirklich ist.

Wenn ich mich dann durch all die Schichten hindurch gearbeitet habe, die meinen Blick verstellten, kann ich ihm wirklich auf einer Ebene mit mir begegnen. Sehe ich ihn aber wirklich,

»Geh und versöhne dich zuerst mit deinem Bruder.« (Matthäus 5,24)

dann sehe ich in ihm das, was ihm wesentlich zu eigen ist – sein Menschsein. In diesem Augenblick fallen die Hüllen, die bisher den anderen entstellt haben. Diese Hüllen, die vorher als Ersatz für das, was den andern wirklich ausmacht, herhalten mussten, haben dann ausgedient. Sie werden nicht mehr gebraucht, weil ich es, aus welchen Gründen auch immer, nicht mehr nötig habe, den anderen zu entstellen.

Vergebung führt zu Verwandlung und Heilung

Vergebung führt in etwas Neues, trägt zur Heilung bei. Heilung darf dabei aber nicht nur verstanden werden als »alles wird wieder gut« oder »alles wird wieder so sein, wie es war«. Heilung geht einher mit Wachsen und Verwandlung: Was bisher nicht werden konnte, bekommt eine Chance nachzuwachsen. Was in eine falsche Richtung gewachsen ist, wird – oft unter großen Schmerzen – begradigt oder auch gestutzt. Vieles gerät durcheinander, manches, was bisher galt, wird auf den Kopf gestellt. Heilen vollzieht sich dabei aktiv und passiv, verlangt unser Mittun, aber auch einfach Loslassen und Zulassen.

Willst Du gesund werden?

»Du liegst schon 38 Jahre hier und wartest, aber jetzt, wenn du gesund werden willst, steh auf, nimm deine Bahre und geh«, sagt Jesus dem Gelähmten am Teich Betesda (vergleiche dazu Johannes 5). Die Erzählung über die Heilung des Gelähmten zeigt uns Aspekte des Gesundwerdens – und auch des Loslösens von Schuld. Jesus fasst den Gelähmten nicht mit Samthandschuhen an, sondern fordert ihn auf, es nicht beim Jammern darüber, dass ihm niemand hilft, zu belassen, sondern selbst in Aktion zu treten. Er muss auch etwas dafür tun, um wieder gesund zu werden. Jesus trägt durch seine Konfrontation zu seiner Heilung bei. Er bringt ihn in Berührung mit der Kraft, die in ihm da verborgen ist, von der er aber abgeschnitten war.

Auf heute übertragen heißt das: Es genügt nicht, einfach zum Arzt, zum Psychotherapeuten, zum Priester zu gehen, um sich dort behandeln, die Sakramente spenden zu lassen. Ein guter Arzt wird auch nicht nur Medikamente verschreiben, ein Psychotherapeut nicht nur emphatisch zuhören, sondern den Patienten ermutigen, durch Bewegung, Übungen und das Einlassen auf neue Erfahrungen die Selbstheilungskräfte des Patienten zu aktivieren.

In der biblischen Geschichte ist aber noch ein weiterer Aspekt von Bedeutung: Jesus lässt sich auf den Gelähmten und seine Krankheit, seinen Aussatz, sein Gefühl, von allen abgelehnt zu werden, seine Lähmung ein. Er lässt sich ein auf die Angst, die er bei dem Gelähmten spürt und die ihn bewegungsunfähig macht. Bei dem Blinden, den er ebenfalls am Teich Betesda trifft (Markus 8,22) lässt sich Jesus auf dessen blinde Flecken ein, die dieser nicht anschauen möchte.

Jesus unterstellt dem Lahmen und Blinden nicht, dass ihre Krankheit auf einen mangelnden Glauben zurückzuführen ist. Er vermittelt ihnen keine Schuldgefühle. Er weiß, dass auch ein Gläubiger krank werden kann. Für uns heute gesehen heißt das: Es geht nicht darum zu fragen, was ich falsch gemacht habe. Es geht darum, mich von meiner »Krankheit«, von meiner Blindheit im Wegschauen und meiner Lähmung in meiner Angst herausfordern zu lassen, spirituell zu wachsen, mich noch mehr meiner persönlichen Wahrheit und Wirklichkeit zu stellen, auf neue, vertiefte Weise in eine Beziehung zu Gott zu treten.

Vergebung ist etwas Einzigartiges, Großes. Hinter ihr treffen wir auf eine Dynamik, die uns Einblicke in die Tiefe unseres menschlichen Daseins verschafft. Wir begegnen der Fähigkeit zum Erbarmen, ohne die Vergebung nicht möglich ist. Wir nehmen staunend wahr, dass wir – manchmal erst mit Gottes Hilfe, seiner Gnade – über uns hinauswachsen, Schritte unternehmen können, die wir uns nie zugetraut hätten.

»Barmherzigkeit, die weiß von keinem Zwang«

In William Shakespeares »Der Kaufmann von Venedig« wird das englische Wort *»mercy«*, das auch Barmherzigkeit heißt, mit Gnade übersetzt. Genau das ist Barmherzigkeit: Eine Haltung, ein Verhalten, eine Geste, bei der ich dem anderen bedingungslos etwas schenke. Er oder sie bekommt es einfach. Wer jemals erfahren hat, wie wunderbar es ist, wirklich beschenkt zu werden, zweckfrei, bedingungslos, ohne dafür etwas geleistet zu haben oder leisten zu müssen, der kann ermessen, was es heißt, Barmherzigkeit als Gnade zu erfahren. Es ist eine Erfahrung, die mich beglückt, die mich aufbaut.

»Du vergibst dir doch nichts, wenn du das oder jenes tust«, sagen wir. Wir meinen damit: Das kann doch nicht so schwer sein. Du brichst dir damit keinen Zacken aus der Krone. Auch wenn es darum geht, auf jemanden einen Schritt zuzugehen, vielleicht sogar den ersten Schritt zu tun. Oft ist es unser Ego,

> *»Barmherzigkeit, die weiß von keinem Zwang, sie träufelt wie des Himmels milder Regen zur Erde unter ihr, zweifach gesegnet: Sie segnet den, der gibt, und den der nimmt … Sie ist ein Attribut der Gottheit selbst.« (William Shakespeare)*

Gnade als theologischer Begriff

»Wir haben«, meint Joseph Ratzinger, von der Gnade sprechend, »in unserem religiösen Denken diesen Begriff wohl allzu sehr verdinglicht, Gnade als ein übernatürliches Etwas betrachtet, das wir in der Seele tragen. Und da wir davon nicht allzu viel oder gar nichts spüren, ist sie uns allmählich belanglos geworden, ein leeres Wort christlicher Sondersprache, das mit der gelebten Wirklichkeit unseres Alltags in keinem Verhältnis mehr zu stehen scheint. In Wirklichkeit ist Gnade ein Beziehungsbegriff: Sie sagt nicht irgendetwas über eine Eigenschaft eines Ich aus, sondern etwas über einen Zusammenhang von ich und du, von Gott und Mensch.«

das uns davon abhält, die Angst, das Gesicht zu verlieren. Wenn wir uns dann doch dazu entschließen können, steigen wir herunter vom hohen Ross, bewegen wir uns. Wir verlieren dadurch nichts. Im Gegenteil – wir gewinnen etwas: Bewegungsfreiheit. Wir setzen etwas in Bewegung, was sich festgesetzt hatte. Es löst sich etwas in uns, was hart, unbeweglich geworden war.

Daraus entsteht eine neue Dynamik, eine Kraft, die etwas verändern und verwandeln kann. Gnade aber vollzieht sich in der Spannung. Sie braucht Bewegungsfreiheit, dann kann sie ihre Sprengkraft entfalten, setzt sie selbst etwas in Bewegung.

Barmherzig zu sein eröffnet eine Dimension, in der die Kategorien des Absicherns, des genauen Kalkulierens, des Abwägens gesprengt werden. Etwas, das vielleicht zunächst notwendig war, wird durcheinandergebracht. Etwas, an dem ich mich festgehalten habe, entgleitet mir. Zugleich fällt aber auch weg, was mich behinderte, unfrei machte. Jetzt lasse ich mein Herz sprechen und handeln. Selbstlos – es ist für dich. Ich gebe es dir. Einfach so, gratis. Es ist ein Moment von Gnade für die anderen und für mich, in dem sich mein Herz weitet.

Vergeben setzt die freie Entscheidung dazu voraus. Nicht, weil das von mir erwartet wird, weil ich dazu gedrängt werde oder weil das sich für einen Christen »so gehört«. Ich selbst fälle die Entscheidung. Weil ich es will, aus der Tiefe meines Herzens heraus. Zuvor muss ich bereit sein, auf einen Ausgleich, gar Rache für das mir zugefügte Unrecht zu verzichten. Das muss ich zunächst aus eigenem Antrieb und Können. Ich darf aber auch darauf vertrauen, dass ich dabei durch Gottes Gnade unterstützt werde.

Gnade und Erbarmen

Im Alten Testament begegnet uns das hebräische Wort *»rechem«*, das, wie oben schon erwähnt, mit Mutterleib, Mutterschoß übersetzt werden kann. Die Worte mitfühlen, mitleiden, sich erbarmen haben die gleiche Wurzel. Wir entdecken sie im Buch Exodus (34,5-6), wenn es dort heißt: »Jahwe ist ein barmherziger und gnädiger Gott.« Im Neuen Testament finden wir sie in der Beschreibung des barmherzigen Vaters oder des barmherzigen Samariters, dem das Elend des anderen in den Magen fährt. »Es überwältigt ihn das Mitgefühl und so geht er auf den anderen zu und macht ihn zu seinem Nächsten«, wie der Theologe Rolf Zerfaß über diese Szene sagt. Der Mutterschoß wird hier zur Metapher für das Erbarmen Gottes, das eine irrationale, kopflose Liebe ist. Gott will uns – irrational, nicht begreifbar, nicht erklärlich – wohl, wie Vater und Mutter ihrem Kind wohlwollen.

> *»Ich habe euch doch wie ein Vater sein Kind auf den Arm genommen und so geführt und beschützt, aber ihr seid von mir weggelaufen … Wie könnte ich dich preisgeben, wie dich ausliefern, Ephraim? … Meine Eingeweide drehen sich um in mir. Erbarmen überwältigt mich.« (Hosea 11)*

»… alles, was für einen Menschen nötig ist, damit er vor Gott annehmbar ist und seine Barmherzigkeit empfangen kann, ist, dass er ein Mensch und ein Sünder ist.« (Thomas Merton)

Ein englischer Mystiker des 14. Jahrhunderts beschreibt die Barmherzigkeit Gottes mit den Worten: »Er erträgt geduldig, er verzeiht leicht, er versteht barmherzig, er vergisst vollkommen. (…) Er versteht den Sünder barmherzig, das heißt, sein Blick durchdringt das ganze Wesen des Sünders mit Barmherzigkeit von innen her, sodass die innerste Wirklichkeit des Sünders nicht mehr die Sündigkeit, sondern die Kindschaft ist.«

»Gott ist größer als unser Herz, und er weiß alles« (Johannes 3,20). Uns Menschen fällt es oft sehr schwer, uns selbst und anderen zu vergeben. Wir glauben, nicht verzeihen und vergeben zu können. Wir rechnen die Fehler und Vergehen immer wieder vor und wüten gegen uns oder andere. Glauben wir, verziehen und vergeben zu haben, tauchen wieder Zweifel auf, sind wir uns nicht so sicher, ob da nicht doch ein Rest von Schuld bleibt, es wir uns vielleicht doch zu leicht machen.

Der barmherzige Jesus

Jesus war ein begnadeter Mensch. Seine Seele war groß und sie wuchs, je mehr er sich der Menschen erbarmte, bis er schließlich am Kreuz sich unser aller erbarmte. Das war und ist der Augenblick, in dem Jesus zum Mitleid, zum Erbarmen schlechthin wurde.

Es war auch sein Erbarmen, sein Mitleid mit uns Menschen – und das ist ja letztlich eine Leidenschaft mit uns Menschen –, die Jesus umbrachte, ihn für uns in den Tod gehen ließ. In diesem Moment vollzog sich etwas unvorstellbar Intensives, unfassbar Tiefes und Gewaltiges. Es ist der Moment, in dem Jesu Herz selbst erschüttert wurde, er aufschrie: »Mein Gott,

»Glauben ist der Beginn des Mitleidens, des Mitleidens mit Gott.« (Abraham Heschel)

warum hast du mich verlassen?« Das kann zu dem Moment werden, in dem es uns selbst das Herz zerreißt, wir von Erbarmen gepackt werden, mit ihm leiden. Wo uns das gelingt, wo wir dafür ein Empfinden bekommen, da beginnt eine lebendige Beziehung zu Jesus und letztlich zu Gott, da beginnt Glauben.

Sich seiner selbst erbarmen

Die Barmherzigkeit, das Erbarmen anderen gegenüber schließt aber auch das Erbarmen sich selbst gegenüber ein. Die Fähigkeit, sich selbst gegenüber barmherzig zu sein, kann dabei ein wichtiges Erkennungszeichen sein, ob meine Barmherzigkeit wirklich von Herzen kommt, wirklich auch eine gesunde Form des Sich-Hingebens darstellt. So sehr Jesus der einfach Gebende ist, so sehr ist er auch immer wieder der Nehmende. Das können wir von ihm lernen: Er nimmt die Liebe des Vaters und gibt sie weiter. Er hat wie wir ein ganzes Bündel von Begabungen, von Charismen mit auf den Weg seiner Sendung bekommen. Er war ein Mann, der fähig war, Menschen zu begeistern, eine Gefolgschaft um sich zu sammeln und eine Initiative zu starten, die die Welt verändert hat. Er lehrte wie einer, der Vollmacht hat, nicht wie ein gewöhnlicher Schriftgelehrter. Er hatte Kraft, Kranke zu heilen und Dämonen zu verjagen. Er war einer, dem viel gegeben wurde, um alles hingeben zu können. Gehässige Stimmen nannten ihn einen Fresser und Säufer, er aber hat es hingenommen und genossen, was Freunde, Zöllner und Sünder ihm zu Essen und zu Trinken gaben. Seine Jünger wies er an, das Gleiche zu tun: zu essen und zu trinken, was man ihnen anbietet: »Denn wer arbeitet, hat ein Recht auf seinen Lohn.« Zuletzt endet sein Leben nicht im Untergang, sondern in der Auferstehung, im Neubeginn.

»Wir können Gott nicht vollkommen lieben, außer wir lieben uns selbst vollkommen.« (Thomas Merton)

Mitleid – mehr als Empathie

Mitleid, Erbarmen – sie dringen tiefer in den Menschen ein, als es Empathie vermag. So kann sich ein empathischer Therapeut, der in der Begegnung mit einer Ratsuchenden alles zu verstehen scheint, im normalen Leben als ein herzloser, unbarmherziger Mensch erweisen, der sich seine therapeutische Empathie teuer bezahlen lässt, sich ansonsten aber einen Dreck um die Belange seiner Mitmenschen kümmert. Der gleicht dann jenem Seelsorger, der sich darauf beschränkt, in seiner Predigt von Gottes Liebe zu sprechen und auch ansonsten auf dessen Nähe und Barmherzigkeit zu verweisen, im Grunde genommen aber Gottes Liebe und Barmherzigkeit wie ein Bauchladen vor sich her trägt und anbietet, gut davon lebt, aber keine Barmherzigkeit, kein Mitleid empfindet gegenüber der Not seiner Mitmenschen.

Im Unterschied dazu schlug Jesu Herz so sehr für die Menschen, dass er von Erbarmen überwältigt war. Dieses vom Elend des anderen Menschen provozierte tiefe, unvernünftige Erbarmen wird in Texten, die wir von Jesus kennen, gleichsam zu seiner Kennzeichnung. Er handelt aus Erbarmen.

Vor diesem verstummen die Stimmen der Vernunft, des Abwägens und Analysierens. Der Samariter im Gleichnis befragt nicht das Gesetz, ob, wenn der Niedergeschlagene sein Nachbar ist, es von ihm verlangt werden kann, dass er sich um ihn kümmert. Er fragt überhaupt nicht, sondern ihm schlägt das Elend des anderen in den Magen hinein. Der Ausdruck, der hier im Griechischen gebraucht wird, meint Eingeweide, Magengrube. »Es überwältigt ihn das Mitgefühl und so geht er auf den anderen zu und macht ihn zu seinem Nächsten«, wie der Theologe Rolf Zerfaß dazu sagt. Die Eingeweide als Sitz der Gefühle und Ort des Mutterschoßes werden zum Zeichen, zu einem Bild dafür, wie Gott auf uns Menschen reagiert. Das bedeutet: Dieses Erbarmen Gottes meint eine Art instinktive Liebe zum Lebewesen, zum Lebendigen. Diese Liebe ist kopflos, irrational und zeigt sich nicht darin, dass beispielsweise der Samariter im Gleichnis groß nachdenkt. Stattdessen handelt er, sozusagen »aus dem Bauch heraus«, eben aus den Eingeweiden. Der Samariter wäscht die Wunden aus, nimmt den Verwundeten mit und zahlt die Pensionskosten, ohne nachzudenken. Gottes Gefühle kommen aus solcher Tiefe.

Der Ort von Jesu Mitleid ist gewissermaßen der Bauch, ist das Herz als Ort, an dem unsere intimsten und intensivsten Gefühle ihren Platz haben. Es ist das Zentrum, in dem unsere größte Liebe, aber auch unser größter Hass wachsen. Das Mit-Leiden, das Jesus fühlte, war daher alles andere als ein oberflächliches oder vorübergehendes Gefühl des Bedauerns oder der Sympathie. Mit-Leiden ist ein so tiefes, zentrales und mächtiges Gefühl in Jesus, das am ehesten beschrieben werden kann als eine Bewegung, die aus dem Mutterschoß Gottes kommt. Dort liegt die göttliche Zärtlichkeit und Sanftheit verborgen. Dort ist Gott Vater und Mutter, Bruder und Schwester, Sohn und Tochter, vereinigen sich alle Gefühle und Leidenschaften der göttlichen Liebe. Wenn daher Jesus zum Mit-Leiden bewegt wurde, erzitterte die Quelle allen Lebens, brach der Grund aller Liebe auf und der Abgrund von Gottes unendlicher, unerschöpflicher, unergründlicher Zärtlichkeit tat sich auf.

Sich Erbarmen – zutiefst menschlich sein

Sich des anderen erbarmen zu können setzt voraus, sich in einen anderen Menschen einfühlen zu können. Die Fähigkeit dazu wird uns nicht einfach gegeben. Sie erwächst uns zu, wenn wir uns den Entwicklungsschritten, dem Leben an sich und den

Krisen, die es mit sich bringt, stellen. Sich eines anderen Menschen zu erbarmen scheint aber auf der anderen Seite auch eine ganz tief in uns angelegte, manchmal vielleicht verkümmerte, immer aber vorhandene Seite auszumachen. Eine Art Instinkt, also etwas, was ganz ursprünglich zu uns gehört.

Sich erbarmen zu können ist Ausdruck von zutiefst Geschöpflichem und daher auch Menschlichem. In dem Sich-Erbarmen verwirklicht sich eine Seinsweise von uns, die ganz entscheidend zu uns gehört, auch zu unserer Selbstverwirklichung. Ist es doch der Moment, in dem unser Selbst sich übersteigt, der Augenblick, in dem wir die Fesseln der Konzentration auf unser Ich endgültig sprengen, wir in der Lage sind, das Kreisen um uns selbst zu durchbrechen, ja, uns aufzubrechen, um uns nach einem anderen auszustrecken. In seinem Erbarmen zeigt uns Jesus somit eine zutiefst menschliche Seite.

Verankerung in Gott – biblische Ressourcen

Nach biblischem Verständnis ist Gott größer als unser Herz. Seine Barmherzigkeit, seine Fähigkeit zu vergeben übersteigt unser Vorstellungsvermögen und unsere menschlichen Möglichkeiten. Gott vergibt, wo wir uns schwertun, anderen oder uns selbst zu vergeben. Und wenn er vergibt, vergibt er uneingeschränkt. Er fasst nicht nach, nimmt nichts zurück. Es ist vergessen und vergeben, ohne Wenn und Aber.

So fordert uns die Bibel auf, uns auf den einzulassen, der größer ist als unser Herz, damit eine radikale Vergebung möglich ist. Es handelt sich dann nicht um eine »kosmetische Vergebung«, die äußerlich den Eindruck hinterlässt, alles sei wieder

»All meine Sünden warfst du hinter deinen Rücken.« (Jesaja 38,17)

gut und in Ordnung. Es ist eine Vergebung, die tiefer geht und wirkt als unser Herz.

Dabei ist es jedem überlassen, frei zu entscheiden, was er will. Er kann sich Gott überlassen in der Gewissheit, dass er, je mehr er sich von Gott abhängig macht, von Gott abhängig ist, umso freier wird. Dann überlässt er sich der Dynamik Gottes, hilft Gott, damit er wirklich vergeben kann. Gottes ist die überschwängliche Kraft, so der unerschütterliche Glaube, der uns in der Bibel vermittelt wird. In dem Wort überschwänglich steckt etwas von dem Schwung, der notwendig ist, um sich zu überwinden, sich und anderen ganz zu vergeben. Damit etwas in Schwung kommt, muss es angestoßen werden. Diese Kraft aber ist Gott. Sie kommt aus mir, kommt von Gott, der in mir wohnt. Von Gott, der in der Verletzung, die mir zugefügt worden ist, Eingang zu mir gefunden hat, der als *»shekinah«*, als weibliche göttliche Präsenz tröstend und heilend in mir wirkt, der, wenn ich ihn einlasse, verhindert, dass die Stelle, an der ich versehrt worden bin, auf Dauer mit Verbitterung, Feindschaft oder Hass angefüllt wird. Meine Aufgabe ist es, das aus mir auszuräumen, was mich daran hindert, ihn in mir zu empfangen.

Wenn aber Gott in uns ist – so die Überzeugung des Gläubigen –, gibt es einen Grund in uns, in dem wir uns verankern können. Dieser Grund ist unzerstörbar, was auch immer uns angetan worden ist. Wir mögen für eine Weile den Eindruck haben, dass uns durch die Verletzung auch dieser Grund genommen worden ist, so sehr sind wir erschüttert und aus dem Gleichgewicht gebracht worden. Doch mit der Zeit werden wir unseren Grund wieder spüren.

Wir werden dann auch wieder Anschluss finden an die Kraft, die uns aus diesem Grund erwächst. Wir dürfen und müssen uns Gott überlassen, um über unsere eigene Engherzigkeit und Zurückhaltung hinauszukommen und nicht beim Nachrechnen, Nachtarieren, Vorhaltungen machen, bei der eigenen

Verbitterung oder Unnachgiebigkeit hängenzubleiben. Von dieser Kraft müssen wir uns mitnehmen lassen. Gelingt uns das, werden wir befreit.

Manchmal bedarf es eines kleinen Anstoßes, um den letzten Schritt gehen zu können, um wirklich alles hinter sich lassen zu können, was uns noch abhält, auf den anderen zuzugehen. Es braucht einen »Schubs«, um das weggeben zu können, hinter uns lassen zu können, was uns bisher gehindert hat, auf den anderen zuzugehen, zu vergeben, vielleicht auch das wegzuschieben, was bisher noch zwischen mir und dem anderen im Weg stand. Angestoßen von Gottes Kraft, wird der Widerstand überwunden.

Dann aber, wenn seine Kraft ungehindert ihr Werk vollenden kann, werden all die anderen Kräfte in uns, die bisher nicht zum Zug gekommen sind, die »angekettet« waren, sich dieser Kraft anschließen, sich von ihr mitziehen lassen. Jetzt ist alles in uns auf Vergebung ausgerichtet. Das aber geht einher mit einem Befreiungsschlag in uns selbst. Wir halten nicht länger fest an dem und denen, die uns verletzt haben. Wir lassen los – und sind frei.

Den Glauben für Vergebung nicht missbrauchen, sondern nutzen

Als gläubiger Mensch kann mir der Glaube helfen, anderen zu vergeben, wenn ich ihn nicht dazu benutze, den Vergebungsprozess so abzukürzen, dass echte Vergebung am Ende eher verhindert wird. Man nennt das »spirituelle Abkürzung«. Dabei werden notwendige menschliche Bedürfnisse und Gefühle spirituell überhöht oder einfach übergangen.

Dazu ein Beispiel: Die Altenpflegerin Petra ist verbittert. Viele Jahre hat sie sich, wie sie meint, abgerackert im Altersheim. Sie ist aufgegangen in der Pflege der alten Menschen, hat sich ins Zeug gelegt, hat viele neue Initiativen ergriffen, dafür Sorge getragen, dass die alten Menschen würdig sterben. Sie ist dabei oft auf Kritik gestoßen, bei Vorgesetzten und Mitarbeitern, die sich von ihr »auf die Zehe getreten« fühlten. All das hat schließlich dazu geführt, dass man ihr eines Tage nahe legte, zu kündigen. Sie fühlt sich gemobbt. Da sie ein sehr religiöser Mensch ist, hadert sie auch mit Gott, von dem sie sich im Stich gelassen fühlt. Sie kann ihre Enttäuschung und Wut zumindest zum Teil zulassen, aber eben nur zum Teil. Sehr schnell verlässt sie sich auch immer wieder auf die Beziehung zu Gott, von dem sie sagt, dass er sie liebt, auch wenn alle anderen sie verstoßen. Sie ist noch weit entfernt davon, auch ihren Anteil an der ganzen Mobbinggeschichte zu erkennen. Es ist ihr wichtig, dass die anderen auch ihre hohen Motive würdigen. Am liebsten möchte sie aber all das hinter sich lassen und denen, die ihr Unrecht getan haben, verzeihen, ihnen vergeben können. »Ich muss es«, sagt sie sich, »von meinem Glauben her und weil ich es auch will, aber ich kann es nicht.« Manchmal denkt sie, sie hat es losgelassen, sie hat verziehen und vergeben, um bei nächster Gelegenheit wieder von dem alten Schmerz, dem Gefühl des Zurückgewiesenseins, eingeholt zu werden.

Sie ist noch nicht so weit, dass sie vergeben kann, weil sie noch nicht all die Gefühle wie Wut und Trauer und Enttäuschung zugelassen hat, die dem vorausgehen. Sie hat sich durch ihre Flucht in die Beziehung zu Gott davon auch noch bremsen lassen. Die Beziehung zu Gott kann ihr helfen, zunächst einmal die echten Gefühle, die sie bei all diesen Vorgängen erlebt hat, zuzulassen, um dann irgendwann am Ende tatsächlich den

»Da trat Petrus zu ihm und fragte: Herr, wenn mein Bruder sich gegen mich verfehlt, wie oft muss ich ihm vergeben? Bis zu siebenmal? Jesus antwortete ihm: Ich sage dir: nicht bis zu siebenmal, sondern bis zu siebenundsiebzigmal.« (Matthäus 18,21–22)

Schritt nach vorne gehen zu können, in Freiheit vergeben zu können, ohne zurückzublicken.

Normalerweise geht einer Vergebung ein emotionaler Prozess voraus, der auch nicht abgekürzt oder spirituell ausgehöhlt werden sollte. Das schließt nicht aus, dass tatsächlich spontan Vergebung geschenkt werden kann, wenn man sich dazu entschließt, zu vergeben: Im Bundesstaat Pennsylvania lebt eine strenggläubige Gruppe von Christen, die ein sehr einsames Leben ohne Autos, Elektrizität und moderne Maschine führen. Es handelt sich um die Amish. Vor einigen Jahren stürmte ein 32-Jähriger, der die Milch der Amishbauern mit seinem LKW abholte, selbst aber kein Amish war, ihre Schule, schickte die Jungen und Erwachsenen hinaus und fesselte zehn Mädchen in der Klasse. Er schoss auf sie und tötete fünf von ihnen, fünf verwundete er nur. Im Anschluss daran nahm er sich das Leben. Dieser Vorgang versetzte die Amishleute in Schrecken und Schmerz. Doch es löste keinen Zorn bei ihnen aus. Sie kümmerten sich auch um die Leiden der Familie des Milchmanns und als am Tag nach der Schießerei diese in ihrem Haus versammelt war, besuchte sie ein führender Amishmann und sprach ihnen ihr Mitgefühl aus. An der Beerdigung des Milchmanns nahmen viele Amishleute teil. Zur Trauerfeier der Mädchen luden die Amishleute die Familie des Milchmanns ein. Daraufhin veröffentlichte die Familie des Milchmanns folgende Erklärung: »An unsere Amish-Freunde und Nachbarn und die restliche Gemeinde!

Unsere Familie möchte, dass sie alle wissen, dass wir von der Vergebungsbereitschaft, der Gnade und Barmherzigkeit, die sie uns gezeigt haben, überwältigt sind. Ihre Liebe für unsere Familie hat dazu beigetragen, dass wir die Heilung finden konnten, die wir so verzweifelt nötig hatten. Die Gebete, Blumen, Karten und Geschenke, die wir von ihnen erhalten haben,

haben unser Herz auf eine Weise berührt, die nicht mit Worten ausgedrückt werden kann. Ihr Mitgefühl ist über unsere Familie, über unseren Lebensbereich hinausgegangen und hat unsere Welt verändert. Dafür danken wir ihnen aufrichtig.

Wir möchten, dass sie wissen, dass die Geschehnisse uns das Herz zerrissen haben. Wir empfinden großen Kummer für alle unsere Amish-Nachbarn, die uns lieb waren und weiterhin lieb sind. Wir wissen, dass hinter all den Familien, die geliebte Menschen verloren haben, viele schwere Stunden und Tage liegen und daher werden wir weiterhin unsere Hoffnung und unser Vertrauen in den Gott allen Trostes setzen, während wir uns alle bemühen, unser Leben wieder aufzubauen.«

»... sondern erlöse uns von dem Bösen«

Im Vaterunser, dem zentralen Gebet aller Christen, findet sich die Zeile: »Und führe uns nicht in Versuchung, sondern erlöse uns vom dem Bösen.« Wer hätte nicht den Wunsch, von »dem Bösen« erlöst und befreit zu werden: dem Bösen, das von außen kommt, von der Umwelt, den Mitmenschen. Dem Bösen, das uns tagein, tagaus begegnet in der Intrige von Arbeitskollegen, der Missgunst der Nachbarn, den bösen Einflüssen durch Strahlungen, den bösen Erfahrungen durch lieblose Erziehung usw. Aber auch das Böse, das Negative, das wir in uns selbst erfahren, das uns manchmal zu beherrschen scheint. Und das Böse, das wir tun – bewusst oder unbewusst.

Gerade wenn es um die Erlösung von dem geht, was wir an Bösem angerichtet haben, spielt auch die Vergebung eine Rolle. Es kann nicht einfach rückgängig gemacht werden, aber seine Macht, die es vielleicht noch ausübt, kann gebrochen werden. Es kann relativiert werden und muss nicht ständig präsent sein, uns herunterziehen, uns schuldig fühlen lassen, wie ein Stein

»Dankt dem Vater mit Freude, der uns befähigt hat zur Teilnahme am Los der Heiligen im Licht. Er hat uns aus der Gewalt der Finsternis errettet und in das Reich seines geliebten Sohnes versetzt. In ihm haben wir die Erlösung, die Vergebung der Sünden.« (Kolosser 1,12–14)

auf uns lasten. »Erlösung von dem Bösen« – das ist auch ein Hilferuf, von der Last der Schuld befreit zu werden.

In diesem Zusammenhang taucht auch der Begriff »Sünde« auf. »Das, was die Sünde zur Sünde macht, ist die Schuld. Sie besteht gerade in der freien Entscheidung zum Bösen, nämlich gegen Gott und Mensch«, so der Eintrag im Theologischen Taschenlexikon von 1973. Durch die Sünde haben wir uns von unseren Mitmenschen und Gott uns abgesondert. Nicht, dass wir ganz davon getrennt worden sind. Doch es besteht eine Störung, die, der Schuld und Sünde entsprechend, klein oder auch groß sein kann.

Wenn wir bitten: »Erlöse uns von dem Bösen«, dann kann das auch heißen: »Befreie uns von unserer Schuld, unserer Sünde.« Erlöse uns davon. Lass uns wieder in Frieden miteinander leben: mit uns selbst, mit unserer Mitwelt, unserer Umwelt und Gott selbst. Es steckt weiter die klare Bitte dahinter, uns von alledem zu befreien, was in uns an Bösem – seien es Gedanken oder Neigungen – steckt, was uns auch zu bösem Verhalten führen könnte.

Dabei dürfen wir damit rechnen, darauf zählen: »Durch ihn haben wir die Erlösung, die Vergebung der Sünden« (Kolosser 1,14). Durch *ihn* haben wir die Erlösung, die Vergebung der Sünden. Ist das nicht tröstlich? Nicht durch irgendeine Magie oder weltliche Macht, sondern durch Gott selbst sind wir erlöst, befreit. Durch ihn wird uns vergeben, wird uns nachgelassen, was wir an Schuld und Sünden auf uns geladen haben.

Erlösung

Im Christentum bedeutet Erlösung die Überwindung eines von Schuld, Leid und Tod geprägten Lebens. Sie führt zur Vollendung und Erfüllung in einem Leben mit und in Gott. Der Mensch ist dabei auf die Hilfe Gottes angewiesen. Erlösung geschieht, wenn der Mensch die Tatsache des Schuldigseins zulassen und die Vergebung Gottes annehmen kann. Dabei geht es letztlich um den Mut, an die unbedingte und bedingungslose Liebe Gottes zu glauben. In seinem Leben und in seinem Sterben am Kreuz realisiert Jesus diese Botschaft: »Jesus selbst deutet seinen Tod als Erlösungstat, auch wenn dies der christlichen Gemeinde erst von der Auferstehung her deutlich wird«, wie der Theologe Eugen Biser es formuliert.

Darin liegt eine große Bekundung Gottes an den Menschen – er spricht sein treues und unaufkündbares Ja zu uns.

Und gerade deshalb ist es auch unumkehrbar. Es ist geschehen, wenn es geschehen ist. Es ist vergeben, wenn es vergeben worden ist. Ein für allemal. Das ist die befreiende Botschaft: die Endgültigkeit und Ernsthaftigkeit der Vergebung. Da besteht kein Zweifel. Da ist kein Platz für skrupulöses Zaudern. »Durch ihn haben wir die Erlösung, die Vergebung der Sünden.«

3 Schuld und Schuldgefühle bearbeiten und verarbeiten

Beichte und Psychotherapie

Immer mehr Menschen finden heute offensichtlich in der Psychotherapeutin oder im Psychotherapeuten den Gesprächspartner, den früher die Menschen im Seelsorger angetroffen haben. Tatsächlich haben inzwischen auch vielfach Psychotherapeuten die Rolle des Beichtvaters übernommen. Wenn sie tatsächlich sensibel sind für echte und existenzielle Schuld und den Menschen, die zu ihnen kommen, bedingungslos annehmend begegnen, erweisen sie sich auch als echte Seelsorger, die die tiefste Sorge der Seele erspüren und sich darum kümmern.

Dabei sollte aber nicht übersehen werden, dass die Beichte auch immer schon eine therapeutische Funktion hatte. C.G. Jung stellte fest, dass unter allen seinen Patienten vielleicht höchsten fünf katholisch waren. Er führt das darauf zurück, dass die Katholiken in der Beichte im Unterschied zu den Protestanten ein Angebot haben, das es ermöglicht, die sogenannten Heimlichkeiten des Herzen, zu denen auch Verfehlungen gehören, einem anderen gegenüber aussprechen zu können.

Martin Luther hat die Beichte sehr geschätzt. Auch wenn die Beichte in der protestantischen Kirche nicht die Bedeutung hat, die sie in der katholischen Kirche hatte und zum Teil noch hat, kennt sie natürlich auch die Beichte. So wird beispielsweise im Evangelischen Gesangbuch in der Ausgabe für

»Ich danke dir, mein Gott, für die Vergebung, die ich erfahren habe, und für den Mut zum neuen Beginn. Lass mich nicht nur mit Worten dankbar sein, sondern auch vergeben, wenn andere mir schaden oder mir weh tun. Ich weiß, mein Gott, es wird nicht alles ganz anders werden in meinem Leben, aber ich vertraue darauf, dass du mich nicht verwirfst. Ich danke dir, Herr, dass ich solches Vertrauen haben darf, weil du unsere Schuld getragen hast.« (Beichtgebet aus dem Evangelischen Gesangbuch)

die Evangelisch-Lutherischen Kirchen in Bayern und Thüringen unter anderem auf die innere Beichte hingewiesen: »Im eigenen Beten setzen sich Christen mit dem Anspruch Gottes auseinander und nehmen die eigene Schuld wahr. In der Stille, mit sich und Gott allein, nennen sie Gott ihre Verfehlungen. Sie machen sich bewusst, dass vor den Engeln Gottes Freude sein wird über einen Sünder, der Buße tut (Lukas 15,10). In der Erinnerung an Gottes Liebe können die Betenden zu der Gewissheit gelangen, dass Gott sie von ihrer Schuld befreit.«

Auch die Einzelbeichte wird in der evangelischen Kirche als eine Gesprächsmöglichkeit angeboten, da manche Schuld die Seele so sehr beschwert, dass erst das Reden darüber weiterhilft. Sie bietet Gelegenheit dazu, »über erkannte eigene Schuld zu sprechen und Gottes Vergebung im persönlichen Zuspruch zu erfahren«. Bei der Gemeindebeichte, die an besonderen Tagen im Kirchenjahr angeboten wird, »bekennen alle in der Gemeinschaft der Gemeinde ihre Sünden und bekommen Gottes Vergebung zugesprochen«.

Der Psychotherapeut in der Rolle des Beichtvaters

Meine Erfahrung ist, dass viele Menschen in der Beratung und Therapie mit ihrer Schuld eher in Berührung kommen als in der gängigen Beichtpraxis. Zudem machen sie dort oft auf einer tieferen Ebene die Erfahrung von Vergebung als bei der Beichte. Damit sei nicht in Abrede gestellt, dass in der Feier der Versöhnung, wie sie im Rahmen der Beichte möglich ist, Gottes Vergebung tatsächlich stattfindet. Doch selbst wenn Gott ihm vergeben hat, heißt das nicht, dass auch der Mensch, dem vergeben worden ist, das spürt. Oder er ist noch so sehr in sich verfangen und eingekapselt, dass er nicht bereit ist, sich selbst zu vergeben. Wieder ein anderer ist vielleicht emotional so blockiert, dass das, was in ihm im Tiefsten geschehen ist – auch sakramental geschehen ist –, ihn nicht zu berühren vermag, er es in seinen Gefühlen und seinen Empfindungen nicht spürt, nicht nachvollziehen kann. »Dies erklärt auch, warum viele gläubige Katholiken sich durch keine Beichte befreit fühlen, sondern weiter bedrückt und von Ängsten verfolgt sind«, meint dazu Jolande Jacobi.

Das ist sicher nicht bei allen so und es gibt auch Gegenbeispiele. Wenn es aber so ist, dann ist das unter anderem auf eine Praxis von Beichte zurückzuführen, die »oberflächlich« bleibt. Wenn nur sehr knapp und nichtssagend einige Sünden aufgezählt werden wie: »Ich war unandächtig, habe die

»Als Jesus ihren Glauben sah, sagte er zu dem Gelähmten: Kind, deine Sünden sind dir vergeben. Es saßen aber einige Schriftgelehrte dort und dachten in ihrem Herzen: Was redet der so? Er lästert. Wer kann Sünden vergeben als Gott allein? Doch Jesus erkannte sogleich in seinem Geist ihre Gedanken und sagte zu ihnen: Was denkt ihr in euren Herzen? Was ist leichter, zu dem Gelähmten zu sagen: Deine Sünden sind dir vergeben!, oder zu sagen: Steh auf, nimm dein Bett und geh umher? Damit ihr aber wisst, dass der Menschensohn Macht hat, auf der Erde Sünden zu vergeben – sagte er zu dem Gelähmten: Ich sage dir, steh auf, nimm dein Bett und geh heim! Und er stand auf, nahm sein Bett und ging sofort vor aller Augen hinaus (…).« (Markus 2,5–11)

Sonntagsmesse versäumt und war zornig«, dann, geht es vor allem darum, die Absolution zu bekommen und dadurch wieder »ganz rein« zu werden. Oft schaut der Betreffende sich seine Schuld gar nicht wirklich an. Hinzu kommt, dass viele Menschen, die sich heute durchaus als gläubig bezeichnen würden, niemals auf die Idee kämen, das, was ich hier als Sünde genannt habe – unandächtig sein, Sonntagsmesse versäumt haben, zornig gewesen sein – als solche zu sehen. Was Menschen in heutiger Zeit bedrückt, sind ganz andere Dinge.

Hier hat sich in den letzten Jahren einiges verändert, wenn auch oft noch die »Oberflächenbeichte«, bei der der Beichtende und auch der sogenannte Beichtvater unverbindlich bleiben, die Regel ist. Mancher Beichtvater mag sich auch vergeblich bemühen, tiefer zu gehen. Dazu bietet sich das Beichtgespräch als Möglichkeit an, was heute durchaus in vielen Gemeinden praktiziert wird.

Ideal wäre es, wenn man noch mehr die vielfältigen Möglichkeiten nutzen könnte, die sich dazu eignen, Menschen bei der Bearbeitung ihrer Schuld zu helfen und ihnen Vergebung zu ermöglichen. So könnte manche Beichte in ein Beratungsgespräch übergehen, bei dem man tiefer nachfragen kann. Es geht dann nicht nur darum, kurz aufzuzählen, was war, sondern wirklich herauszufinden, was in der Seele wehtut, weil anderen Schaden zugefügt wurde. Manchmal muss erst mithilfe der Psychotherapie der Seelengrund bearbeitet und aufgelockert werden, müssen seelische Verstrickungen und Verfestigungen erkannt, entflochten und aufgeweicht werden, damit eine echte Versöhnung mit sich selbst, den Mitmenschen und mit Gott möglich werden kann.

Ich mache in der Begegnung mit Ratsuchenden immer wieder die Erfahrung, dass jemand erst durch die Therapie mit seiner Schuld und seinem Verlangen nach Vergebung in Berührung kommt bis dahin, dass er in der Beratung auf einer tiefen Ebene die Erfahrung von Vergebung macht. Diese Erfahrung kann in der Beichte, wenn sie sich als Feier der Versöhnung versteht, sakramental verstärkt und vertieft werden, ist dann aber sozusagen erst der zweite Schritt.

Die christliche Beichte hat gegenüber dem therapeutischen Gespräch den Vorteil, dass sie etwas Besonderes schenken kann, wenn der bevollmächtigte Priester im Namen Gottes sagt: »Ich spreche dich frei von deinen Sünden«. Begleitet wird dies von einem Segensritual, mit dem nicht nur der Verstand, sondern auch die Seele, das Innerste in uns angesprochen wird. Wenn diese Botschaft unsere Seele erreicht hat, spüren wir in unserer Tiefe: Es ist wieder gut, auch in den Augen Gottes.

So kann nach vielen Gesprächen die Beichte die Schuldvergebung feierlich besiegeln. Sie wird dabei als eine wichtige und von ihrer spirituellen Bedeutung her einzigartige Form innerhalb der Angebote von Schuldbewältigung gesehen. Hier wäre es wichtig, dass Seelsorger und Psychotherapeuten noch unverkrampfter zusammenarbeiten, noch weniger Berührungsängste haben. Das wäre zumindest sehr zum Segen der Personen, für die sie da sind.

Vorbehaltlos über alles sprechen können

Menschen, die sich in seelischer Not und innerer Bedrängnis befinden, fragen sich: Wo kann ich vorbehaltlos über das, was mich bedrängt, sprechen? Wer kann mir wirklich zuhören? Wo kann ich über alles sprechen, ohne Angst haben zu müssen, getadelt oder zurechtgewiesen zu werden? Ohne mir moralische Vorhaltungen anhören zu müssen? Sie wünschen sich eine Atmosphäre, in der es ihnen leicht fällt, sich auszusprechen, auch ihre Schuld zu bekennen. Sie möchten die Erfahrung machen, nicht verurteilt zu werden. Ein gutes Beichtgespräch kann all das leisten.

Eine 35jährige, unverheiratete Frau, wagt es beispielsweise nach langem Zögern, sich zu einem Beichtgespräch bei einem Priester anzumelden. Sie erzählt von ihrer schweren Kindheit, dem Gefühl, nie wirklich Liebe von ihren Eltern erfahren zu haben, von ihrer langen Suche nach Sinn, die sie schließlich in eine eher rigide und fundamentalistisch ausgerichtete Gemeinschaft geführt habe. Gegen Ende des Beichtgespräches meint sie, dass es da noch etwas gäbe, was sie bisher noch niemanden gegenüber erwähnt habe. Nach einer langen Pause sagt sie schließlich: »Ich habe abgetrieben.« Es sind inzwischen drei Jahre seitdem vergangen. Sie hatte eine Beziehung zu dem verheirateten Leiter dieser Gemeinschaft. Hätte sie das Kind ausgetragen, wäre alles herausgekommen. Das wollte sie dem Kind und sich selbst nicht zumuten.

Für diese Frau war es wichtig zu spüren: Hier kann ich offen über das, was mich bedrückt, über meine Schuld, die auf mir lastet, sprechen. Allein, dass sie mit einem anderen Menschen darüber sprechen konnte, entlastet sie. Es erfordert manchmal viel Mut, einem anderen gegenüber seine Schuld zu bekennen.

»Als nun Jesus an die Stelle kam, schaute er hinauf und sagte zu ihm: Zachäus, steig schnell herunter, denn heute muss ich in deinem Haus bleiben. Schnell stieg er herunter und nahm ihn mit Freuden auf. Alle, die das sahen, empörten sich und sagten: Bei einem Sünder ist er eingekehrt, um zu wohnen! Zachäus aber wandte sich an den Herrn und sagte zu ihm: Herr, die Hälfte meines Vermögens gebe ich den Armen und wenn ich etwas zu Unrecht von jemand gefordert habe, gebe ich es vierfach zurück. Jesus sagte zu ihm: Heute ist diesem Haus Heil widerfahren, (…) der Menschensohn ist gekommen, um zu suchen und zu retten, was verloren war.« (Lukas 19,5–10)

Zu sehr steht die Furcht im Vordergrund, von ihm verurteilt oder beurteilt zu werden. Es sei denn, man weiß, dass man im anderen einen Seelenfreund, eine Seelenfreundin hat, vor dem oder der ich keine Furcht haben, mich nicht schämen muss.

Seelenfreund, nicht Richter

Wenn viele Menschen keinen Zugang mehr zur persönlichen Beichte haben, dann hat das unter anderem damit zu tun, dass es unter den Priestern oft an geeigneten Gesprächspartnern fehlt. Welche Eigenschaften und Fähigkeiten sollten solche Gesprächspartner haben?

Früher hatte die Beichte oft richterlichen Charakter. Dieser Punkt stand dann auch im Vordergrund. Der geschwisterliche, barmherzige, heilende Charakter der Beichte trat dabei in den Hintergrund. In vielen Köpfen spukt diese Vorstellung von Beichte noch herum. Eine solche Beichtpraxis schreckt aber viele Menschen ab. Eine Beichte dagegen, die sich als spirituelles Angebot versteht, dürfte im Unterschied dazu bei vielen Menschen einen positiven Widerhall finden. Dafür gibt es in der Tradition der Beichte Vorbilder. So berichtet der Ordensmann Richard M. Gula von der Beichtpraxis der keltischen, angelsächsischen Mönche des 6. Jahrhunderts: »Die Aufgabe des mönchischen Beichtvaters bestand nicht darin, zu urteilen und eine Strafe festzulegen, sondern leidenschaftlich zuzuhören und herauszufinden, was die Person, die beichtet, heilen könnte und was ihr hilft, wieder auf eine Weise zu leben, in der ein Ja zum Evangelium zum Ausdruck kommt.«

Der Beichtvater war ein Seelenfreund, ein »*Anam cara*«. »*Anam*« ist das keltische Wort für Seele, »*cara*« für Freund. Der Seelenfreund war Lehrer, Begleiter, spiritueller Ratgeber. Das konnte ein Priester oder einfach eine vertrauenswürdige Person sein. Jeder sollte einen solchen Seelenfreund haben, denn

Absolution *meint die Lossprechung von den Sünden, also von all dem, was die Beziehung des Menschen zu Gott trübt. Mit der »Loslösung« (das ist die wörtliche Bedeutung) von den Sünden erfährt der Mensch die Befreiung von dem, was ihn belastet. Der Priester bringt die Absolution zum Ausdruck, ist selbst aber nicht der Handelnde – es ist Gott selbst, der den Menschen die Sünden vergibt. In der Beichte heißt es im Wortlaut: »Ich spreche dich frei von deinen Sünden im Namen des Vaters, des Sohnes und des heiligen Geistes« – auf Latein: »Ego te absolvo a peccatis tuis in nomine Patris et Filii et Spiritus Sancti.«*

ohne ihn zu sein, so hieß es, sei vergleichbar mit einem Körper, der keinen Kopf habe. Es war ein Dienst, der freiwillig angeboten wurde. Nicht selten waren das auch Frauen. Man konnte bei ihnen sogar die Beichte ablegen. Wohl bis ins 13. Jahrhundert durften Laien die Absolution erteilen. Im Wesentlichen aber waren die Seelenfreunde Begleiter ohne sakramentalen Auftrag.

Die buddhistische Tradition kennt etwas Ähnliches wie den »*Anam cara*«, nämlich den »*Kalyana-mitra*«, den noblen Freund. Er lässt sich nichts vormachen, sondern konfrontiert uns freundlich und bestimmt zugleich mit unseren blinden Flecken. Er kennt uns und unsere Bestimmung, unseren Weg, und sieht, was wir nicht sehen können oder nicht sehen wollen. Er ist der Spiegel unserer Seele.

Schuldbearbeitung und Vergebung sind eine Herzensangelegenheit

Was ich in der Beichte sage, ist intim. Es kommt aus meinem Innersten. Der Seelenfreund darf in dieses Heiligtum eintreten. Er wird zum Zeugen meiner tiefsten Sehnsüchte wie meiner größten Verfehlungen. Schuldbearbeitung, Vergebung, Versöhnung sind daher Herzensangelegenheiten. Das wichtige Ritual der Beichte darf daher nicht zur Routine werden oder in einem Ritualismus erstarren. Es muss mit einer lebendigen Begegnung einhergehen.

Auch ein kurzes Bekennen in Anwesenheit eines Priesters, der nicht auf seine äußere Funktion reduziert ist, sondern sich in dieser kurzen Zeit als Seelenfreund versteht und in dieser Haltung der bekennenden Person begegnet, kann zu einer lebendigen Begegnung beitragen, so sehr auch ein längeres Beichtgespräch die Regel sein sollte. Das gilt vor allem, wenn der Bekennende selbst nicht nur etwas herunterleiert, sondern wirklich aus seinem Herzen heraus seine Schuld bekennt.

Was Menschen suchen und brauchen, wenn sie sich beladen oder auch schuldig fühlen und das Verlangen in sich spüren, mit jemandem darüber zu reden, ist, erfahren zu dürfen, dass da jemand ist, der sich Zeit nimmt für mich, der einfach da ist, wenn ich in Not bin. Für einen anderen da zu sein, gehört inzwischen zu dem Kostbarsten, was wir einem anderen Menschen anbieten und schenken können. Es gehört zu dem Schönsten und Persönlichsten, was ein Seelsorger anbieten und geben kann. Ich bin der, der für dich da ist – diese Offenbarung Gottes im brennenden Dornbusch wird konkret, wenn sie durch einen Seelsorger eingelöst wird für Menschen, die Not und Schuld bedrückt.

»Wenn man wissen will, wo eine Beratung gut verläuft, muss man beobachten, wohin die Menschen gehen, wenn sie mit jemanden über das, was sie beschwert, sprechen wollen. Das kann in einem Fall eine alte Frau, in einem anderen Fall ein professionelle Berater sein.« (Carl Rogers)

Das wird noch in einem anderen Satz in der Bibel deutlich. »Und das Wort ist Fleisch geworden und hat unter uns gewohnt«, so heißt es im sogenannten Johannesprolog, dem Text, der das Johannesevangelium eröffnet und der das Geheimnis von Weihnachten und des christlichen Gottes an sich auf den Punkt bringt: Gott ist Mensch geworden. Gott braucht uns Menschen, um durch ihn und über ihn uns Menschen anzusprechen, zu berühren, Heilung erfahren zu lassen. Es gibt keinen Ersatz für den Menschen. Er allein kann die Menschenfreundlichkeit Gottes vermitteln. Die menschliche Begegnung, wie sie unter anderem in einer seelorglichen Begegnung zum Ausdruck kommt, kann zur Pforte werden, durch die Gott in unser Leben, unser Herz, unsere Seele eintritt und uns dadurch ganz heil macht, heilt.

Schuld bekennen

Die Frage von Schuld und dann auch in einem weiteren Sinn die Frage von Sünde wird, so meine Erfahrung, nicht nur im seelsorglichen Gespräch, in Beratung und Therapie, sondern auch in persönlichen Gesprächen auftauchen, wenn ich gut hinhöre und sensibel dafür bin. Denn wenn wir schuldig geworden sind, wird unsere Seele nicht ruhen, bis wir uns unserer Schuld stellen, zu unserer Schuld stehen und die Wege beschreiten, die uns von der Schuldenlast befreien können. Schuld beschönigen und den Menschen, der sich schuldig gemacht hat, nur zu bemitleiden, bringt daher den Betroffenen letztlich nichts. Manchmal ist es wichtig, ihnen vielmehr einen inneren Spiegel vorzuhalten und zu sagen: »Schaut mal hin, was ihr getan habt.«

Aufgabe des Gesprächspartners kann es zunächst sein, mit dem Betroffenen gemeinsam herauszufinden, ob es sich bei seinen Schuldgefühlen um krankhafte oder echte Schuldgefühle handelt, wirklich eine echte Schuld vorliegt, gar existenzielle Schuld die Ursache seiner Schuldgefühle ist. Er kann sich schuldig gemacht haben, wenn er andere betrügt, sich auf ihre Kosten bereichert, ein gegebenes Versprechen nicht einhält, anderen bewusst Unrecht oder Leid zufügt. Oder er hat sich sich selbst gegenüber schuldig gemacht, wenn er sich dem Leben nicht stellt, sich verkriecht und ständig hinter seinen Möglichkeiten zurückbleibt. Dann kann man von existenzieller Schuld sprechen.

Mit der Hilfe seines Gesprächspartners kann er weiter herausfinden, ob er durch ein weit in der Vergangenheit zurückliegendes oder durch ein augenblickliches Verhalten schuldig geworden ist. Er wird dabei den Kontext seiner Lebensgeschichte, seiner augenblicklichen Situation mit einbeziehen. Er kann ihm die Augen öffnen, ein Schuldbewusstsein in ihm wecken, wo er bis jetzt keine Schuld gesehen hat oder einfach darüber hinweggegangen ist.

Dabei ist es nicht Aufgabe des Gesprächspartners, ihm Vorwürfe zu machen. Auch sollte er nicht als Richter auftreten, der das Gefühl vermittelt, dass der andere sich vor einem Tribunal rechtfertigen muss. Liebevoll und bestimmt zugleich soll er dabei helfen, empfindsam zu sein oder empfindsamer zu werden für das Unrecht, das mit dem Verhalten des anderen verbunden ist, und mitwirken, dass er daraus die nötigen Konsequenzen zieht. Das schließt ein, ihn auch herauszufordern, wenn er sich eine eigene Wahrheit zurechtlegt.

Findet ein Gespräch auf eine solche Weise statt, bleibt es nicht bei einem einseitigen bloßen Berichten. Es kommt zu einem Dialog, der dazu beiträgt, die Gedanken zu klären, das eigene Tun zu verstehen, die Auswirkungen des Verhaltens auf die Mitmenschen und auf Gott hin zu erkennen. Dann wird es möglich, aus Fehlern zu lernen und notwendige Veränderungen vorzunehmen.

Schuld bekennen und sich entschuldigen

Nachdem man seine Schuld erkannt hat, muss man zu ihr stehen, sie annehmen und sie bekennen. Zunächst ist ja die Annahme einer Schuld schon ihr Bekenntnis. Man bekennt dann sich selbst gegenüber, dass man sich schuldig gemacht hat. Doch dabei sollte es nicht bleiben. Das Schuldbekenntnis sich selbst gegenüber sollte irgendwann dahin übergehen, dass ich auch anderen meine Schuld eingestehe, vor allem und zunächst jenen, an denen ich mich schuldig gemacht habe. Das ist ein zentraler Bereich im Rahmen der Schuldverarbeitung und Schuldbewältigung.

Der Ehepartner entschuldigt sich zum Beispiel bei seinem Partner für seine Untreue. Er sagt ihm damit: Ich habe mich dir gegenüber falsch benommen, habe mich nicht an unsere Abmachungen, an mein Versprechen gehalten. Ich habe dich dadurch enttäuscht, dir Leid zugefügt. Oder das Parlament eines Landes entschuldigt sich bei einer ethnischen Gruppe, die in den letzten Jahrzehnten Verfolgungen ausgesetzt war, diskriminiert wurde. Der Bischof einer Diözese entschuldigt sich bei den Opfern sexuellen Missbrauchs durch Priester seiner Diözese. Er bekennt sich zu der Schuld, die dadurch auf denen, die dafür auf unterschiedliche Weise mitverantwortlich sind, lastet.

Im Aussprechen und Bekennen der Schuld beginnt schon das Lossprechen, denn dann spreche ich sie im wahrsten Sinne des Wortes aus mir heraus. Wer seine Schuld bekennt, trägt sie nicht mehr bewusst oder unbewusst mit sich herum. Sie verliert dann schon etwas von ihrer niederdrückenden Last. Wer sich zu seiner Schuld bekennt, stellt sie vor sich hin, sodass er ihr ins Angesicht sehen kann. Er macht sich nicht länger etwas vor.

Wenn ich zu meiner Schuld stehe, übernehme ich die Initiative. Ich trete in eine Beziehung zu ihr, stelle mich ihr, stehe zu ihr. Ich überlasse mich einer anderen Dynamik als bisher und lasse meine Schuld nicht länger einfach auf mir liegen wie eine Last. Ich kann dadurch verhindern, dass die Schuld in mich einsickert, meine Gefühle, Gedanken, Empfindungen vergiftet oder die Beziehung zu anderen belastet. Ich bringe ans Licht, was vorher im Dunkeln schmachtete. Was vorher dunkel in mir sein Dasein fristete, bekommt jetzt Konturen, wird gut sichtbar und erkennbar: »Ja, da habe ich mich schuldig gemacht. So sieht meine Schuld aus.« Das eröffnet den Weg, der beschritten werden muss, um ganz befreit zu werden.

Jetzt tritt deutlich zu Tage, wie man sich schuldig gemacht, wie man anderen oder sich selbst – materiell, seelisch, ideell – Schaden zugefügt hat, wie man durch seine Unwahrhaftigkeit das Vertrauen, das andere einem entgegenbringen – Partner, Kinder, Freunde, Kollegen, Geschäftspartner –, beschädigt hat. Es wird erkennbar, wie man durch ein unverantwortliches Verhalten gegenüber seiner Umwelt, an seinen Mitmenschen und Nachkommen schuldig geworden ist, indem man mit

»Was nicht angenommen ist, ist nicht geheilt.« *(Irenäus von Lyon)*

»Ich gebe euch ein neues Herz und lege einen neuen Geist in euer Inneres; ich entferne euer steinernes Herz aus eurer Brust und gebe euch ein Herz von Fleisch.« (Ezechiel 36,26)

dazu beigetragen hat, dass ihre Lebensbedingungen erheblich schlechter wurden, man aber auch durch die Vernachlässigung des eigenen Leibes und der eigenen Seele sich selbst Schaden zugefügt, Raubbau an sich selbst betrieben hat.

Bereuen und Bedauern

Bedauern und Bereuen ist der nächste Schritt auf dem Weg der Befreiung. Dabei kommt man mit seiner Seele in Berührung. Es berührt, ergreift einen etwas in der Tiefe. Das Innerste ist beteiligt, die bisher mitunter indifferente Haltung zum eigenen Verhalten wird durch eine sensible Reaktion des Herzens ersetzt.

Ein Herz aus Fleisch ist empfänglich für Unrecht, empfindet Mitleid. Die Umkehr des Herzens muss sich jetzt fortsetzen in Taten.

Sühnen und wiedergutmachen

Nachdem ich meine Fehler bereut habe, geht es darum, hinzuschauen, welche Konsequenzen sich aus meiner Schuld ergeben: Welche Möglichkeiten habe ich, etwas wiedergutzumachen? Martin Buber spricht in diesem Zusammenhang von Sühne. Die Schuld soll durch eine Ausgleichshandlung aufgehoben oder gemindert werden. Dabei geht man davon aus, dass Schuld nicht nur etwas Innerpersönliches ist, sondern immer auch einen Bezug zur Mitwelt und Umwelt hat, auch die Umwelt im weiteren Sinn, also die Natur und Schöpfung, der gegenüber

»Gott, ich danke dir für diesen Tag und alles, was er mir gebracht hat. Nimm mich an mit meinen Schwächen und Fehlern, mit den Versuchen, gut zu sein. Vergib mir meine Schuld, die ich selbst nicht gutmachen kann.« (Eleonore Beck)

wir uns ebenfalls schuldig machen können. Schuldbewältigung verlangt also mehr als eine »Reinigung der Seele«.

Es geht darum, so gut das möglich ist, den Schaden, den ich mir, meiner Mitwelt und Umwelt und schließlich auch Gott zugefügt habe, wiedergutzumachen. Begangenes Unrecht kann manchmal durch Zahlungen ausgeglichen werden. Oft ist es damit aber nicht so einfach, etwa bei gebrochener Treue oder Schaden an Leib und Seele, den ich durch Wort oder Tat anderen zugefügt habe. Dann ist es wichtig, das wiedergutzumachen, was geht, und das, was nicht wiedergutzumachen ist, der Güte Gottes zu überlassen – solange ich dabei mein Tun bedauere und wirklich bereue.

Buße

Ein anderer Begriff, der in diesem Zusammenhang auftaucht, ist Buße. Ein Verständnis von Buße meint: Wiedergutmachung durch Gebet, ein Almosen, einen Dienst am Nächsten. Hier fehlt der direkte Bezug zu dem Mitmenschen, der Sache, der Umwelt, denen gegenüber ich mich schuldig gemacht habe. Doch es steht auch hier die Erfahrung und Überzeugung dahinter, dass echte Schuldbewältigung nicht nur ein innerer, sondern auch konkreter äußerer Vorgang ist. Das gilt ebenso für das Verständnis von Buße, das in der Beichtpraxis eine große Rolle spielte oder auch noch spielt. Danach wird Buße als eine auferlegte Strafe verstanden, die zur Umkehr führen soll. Hier steht das Verbüßen einer Strafe als Wiedergutmachung, als Ausgleich für schuldhaftes Verhalten im Vordergrund.

»Was geschieht mit meiner Schuld? Wenn ich vor einem Gericht schuldig werde, habe ich nach Verbüßung der Gefängnisstrafe meine Schuld beglichen. Bin somit schuldenfrei. Oder? Was ist mit meiner Schuld Gott gegenüber? Ich verstoße gegen die Gebote Gottes und wenn ich meinen Seelenfrieden habe will, gehe ich zur Beichte. Kann das wirklich so einfach sein?« (Bericht einer Gefängnisinsassin)

Durch die Buße habe ich eine Möglichkeit, meinem Bedürfnis, etwas wiedergutzumachen, nachkommen zu können, um dadurch vielleicht wieder zu einer größeren, inneren Balance und Harmonie zu gelangen. Sie wird meinem menschlichen Bedürfnis, einen Ausgleich zu schaffen, gerecht. Es gibt normalerweise in uns einen Drang, möglichst schnell wieder etwas gutzumachen, wenn man glaubt, daran schuld zu sein. Wenn wir beispielsweise einen Unfall verursacht haben, ist es für uns wichtig, in Aktion treten zu können, Erste-Hilfe-Maßnahmen durchzuführen, den Schaden versuchen einzugrenzen.

Wiedergutmachung und existenzielle Schuld

Wiedergutmachung kann im Falle existenzieller Schuld, wenn ich also dem Leben aus dem Weg gegangen bin, heißen, von jetzt an die Verantwortung für die eigene Zukunft selbst in die Hand zu nehmen.

Manchmal frage ich in so einem Fall in der Beratung: »Was würden sie tun, wenn sie nur noch einen Tag zu leben hätten?« Mir geht es bei dieser Frage darum, aus einem neuen, existenziellen Blickwinkel heraus das aktuelle Problem zu sehen, auch um dadurch die mögliche Banalität der augenblicklichen Situation angesichts unseres ganzen Lebens zu erkennen.

Ein Beispiel: Ein 28-jähriger Bankkaufmann lebt noch bei seiner geschiedenen Mutter. Wenn er das Wochenende mit seiner Freundin verbringt, bekommt er von der Mutter Druck, dass er zu viel Zeit mit seiner Freundin verbringt. Von der Freundin bekommt er Druck, weil er zu viel Zeit bei der Mutter ist. Er weiß im Grunde genommen, was er tun müsste: Erst einmal auf eigenen Beinen laufen lernen. Doch er kann sich zu keiner Entscheidung durchringen. Also wird er gelebt. Er entscheidet sich, nicht zu entscheiden und lässt das die anderen für sich tun. Entsprechend erbärmlich und klein fühlt er sich.

Als ich ihn frage, was er tun würde, hätte er nur noch einen Tag zu leben, antwortet er, dass er die verbleibende Zeit dazu nutzen würde, unerledigte Dinge zu tun. Er meint damit vor allem, dass er sein Zimmer, das voll gestopft ist mit Prospekten, Bedienungsanleitungen, Post usw., aufräumen möchte. Das zu tun ist ihm versagt, weil er so sehr von seiner Mutter und seiner Freundin in Beschlag genommen wird. Erst im Augenblick des Todes sieht er sich in der Lage, endlich in seinem Leben aufzuräumen, einmal Ordnung hineinzubringen, sich frei zu fühlen, das zu tun und zu lassen, was er für richtig erachtet. Man mag geneigt sein zu denken: Was für ein armer Tropf, dass er mit der ihm verbleibenden Zeit nichts Besseres anzufangen weiß. Doch was zählt ist, was er für wichtig erachtet, wie auch immer andere das einschätzen mögen. Er könnte eine Entscheidung treffen, zu der er sich bisher nicht in der Lage sah. Er könnte seinem Willen zum Durchbruch verhelfen. Und genau das könnte dann geschehen: ein Durchbruch, der ihn aus seinem Dilemma herausführt. Eine Schneise wäre damit geschlagen, die ihm den Weg zu seinen bisher nicht genutzten Möglichkeiten zeigen könnte. Das wäre dann sein Beitrag zur »Wiedergutmachung«, endlich mehr sein Leben zu leben.

Gott um Vergebung bitten, einen anderen Menschen um Vergebung bitten – es genügt offensichtlich nicht, nur mir selbst zu vergeben. Auch der andere muss »mitmachen«. Und wenn der meiner Bitte nicht nachkommt?

»Und vergib uns unsere Schuld, wie auch wir vergeben unseren Schuldigern«

Bei Gott dürfen wir sicher sein, dass er unsere Bitte erhört. Wir dürfen nicht nur sicher sein, wir sollen dann auch darauf vertrauen, davon ausgehen, nicht daran zweifeln. Wir haben ja schon einen entscheidenden, vielleicht sogar den entscheidenden Schritt getan, indem wir uns eingestanden haben, uns schuldig gemacht zu haben.

»Vergib uns unsere Schuld.« Das heißt doch: Wir akzeptieren unsere Schuld, wir bedauern und bereuen, was wir falsch gemacht haben. Es tut uns leid. Vergib! Halte sie uns nicht länger vor! Lösche sie aus!

Und so wie es Gott tut, so sollen wir es auch den Menschen gegenüber praktizieren. Wir lernen von Gott. Wir werden durch sein Verhalten motiviert, es ihm gleichzutun. Und so können wir dankbar dafür sein, dass uns unsere Schuld vergeben wurde.

»Lässt sich etwas Liebevolleres und Milderes vorstellen?«

Zum Bekennen meiner Schuld gehört für die Person, die an ein höheres Wesen, an Gott glaubt, auch das Bekennen seiner Schuld vor Gott. Wie er sich als anfällig erfährt, etwas Falsches zu tun, zu sündigen, hat er zugleich aber auch die bedingungslose Zuversicht, dass der Mensch sich in der Reue »dem Gericht

»Wenn ein Mensch zur selben Stunde, da er einem Vergehen unterliegt, spricht: ›Ich habe gesündigt‹, dann hat die Sünde ein Ende.« (Weisheit der Wüstenväter)

übergibt, das von der die Schuld wirklich aufheben könnenden Liebe ergeht«, wie Karl Rahner es nennt. Der Christ glaubt, dass seine Umkehr und Neuausrichtung auf die den Menschen ergreifende zuvorkommende Gnade Gottes zählen darf, ja diese nur dank dieser Gnade möglich.

Es gibt viele Formen des Bekennens von Schuld vor Gott: vor jeder Eucharistiefeier, in der standardisierten Form des Schuldbekenntnisses, aber auch zu jeder Zeit im ganz persönlichen Gebet. Vor Gott muss der Gläubige sich nicht zurückhalten, kennt er ihn doch bereits in- und auswendig.

Der französische Philosoph Blaise Pascal schreibt auf eine sehr symphatische Weise über die Beichte: »Die katholische Religion verpflichtet nicht dazu, seine Sünden ohne Unterschied aller Welt zu bekennen; sie duldet es, dass man damit vor allen Menschen verborgen bleibt; aber sie nimmt einen einzigen aus und befiehlt, dass man diesem den Grund seines Herzens offenlege und sich ihm zeige, wie man ist. Nur diesen einzigen Menschen auf Erden müssen wir enttäuschen. Ihn aber verpflichtet sie unverbrüchlichem Geheimnis, sodass diese Kenntnis in ihm verharrt, als hätte er sie nicht. Lässt sich etwas Liebevolleres und Milderes vorstellen?«

Sinnenfällig und greifbar Gottes Vergebung erfahren

Die Beichte als Feier der Versöhnung könnte oft den Abschluss, vielleicht sogar den krönenden Abschluss einer vorher stattgefundenen Schuldbearbeitung darstellen. Jetzt wird alles, was bereits an Schuldbearbeitung geleistet wurde, vor Gott im

»Ich reinige sie von all ihrer Schuld, die sie sich durch ihre Sünden gegen mich zugezogen haben, und ich vergebe ihnen alle ihre Sünden, die sie gegen mich begangen und wodurch sie gegen mich gefrevelt haben.« (Jeremia 33,8)

Rahmen der Feier und des Rituals der Beichte ganz bewusst vor Gott hingetragen und ausgesprochen oder das, was schon geschehen ist, ergänzt und vertieft. Es ist der Ort, an dem wir wirklich feiern, bereinigt zu haben, was an Störung vorgelegen hat, befreit zu sein von dem, was uns belastet hat, erlöst zu sein von dem, was uns bedrückt hat. Dabei kann der Beichte natürlich auch im Prozess der Schuldbearbeitung die Rolle zukommen, den Prozess voranzubringen, den Weg in die Tiefe zu bahnen und den Blick dabei auch auf die Beziehung zu den Mitmenschen und zu Gott zu lenken.

Die Beichte ist dann der Abschluss eines Versöhnungsgeschehens, dem die Auseinandersetzung mit dem Menschen, dem ich Unrecht zugefügt habe, vorausgegangen ist. Das geht so weit, dass ich, so gut es möglich war, auch wiedergutgemacht habe, was ich dem anderen an seelischem oder materiellem Schaden zugefügt habe. Wenn ich zu den Menschen, denen gegenüber ich mich schuldig gemacht habe, keinen Zugang mehr habe, weil ich gar nicht mehr weiß, wo ich sie antreffen kann oder sie vielleicht sogar gestorben sind, kann ein Beichtgespräch und die anschließende Absolution mir helfen, mich innerlich mit ihnen zu versöhnen, einen Schlussstrich unter das zu machen, was bisher in meinem Herzen noch zwischen uns stand. Dann kann sich das Gefühl in mir breit machen: Jetzt ist es gut. Jetzt habe ich meinen Frieden damit gemacht.

Die Beichte kann zum Ort werden, an dem sich eine Form unter den »mannigfachen Formen der Vergebung, in denen sich die eine Vergebung konkretisiert«, verwirklichen lässt:

Umkehr

Der Christ glaubt, dass Umkehr und Neuausrichtung auf Gott nur möglich ist dank der den Menschen ergreifenden zuvorkommenden Gnade Gottes. »Diese einem Menschen gewährte Umkehr äußert sich konkret im spirituellen Leben dieses Menschen in der Reue, die zugleich tätiger Wille zu einem neuen Verhalten und entschiedener Abkehr vom bisherigen Leben ist«, schreibt Vorgrimler weiter. Von der Beichte kann die Dynamik ausgehen, den »tätigen Willen zu einem neuen Verhalten« hier und jetzt umzusetzen. Es nicht nur bei guten Vorsätzen zu belassen, sondern wirklich etwas zu verändern, sich zu ändern, auf den Bruder und die Schwester, gegen die ich etwas habe, zuzugehen. Noch einmal Herbert Vorgrimler: »In dieser Dimension des Greifbaren und Gemeinschaftlichen hat auch die Fürbitte füreinander ihren Ort. Wo die Vergebung nur im Gnadengeschenk und Glauben an das Evangelium, also im innerlichen Bereich der Begegnung Gottes mit einem einzelnen Menschen gesehen wird, gerät die greifbar-gemeinschaftliche Dimension des Gottes-Verhältnisses aus dem Blick.«

die Versöhnung durch ein Gespräch. »Die neutestamentlichen Mahnungen, einander zuzureden und aufeinander zu hören, machen deutlich«, so Herbert Vorgrimler in seinem Buch »Sakramentenlehre«, »dass Gespräch, Kritik und Selbstkritik von entscheidender Bedeutung beim Ankommen des wirksamen Vergebungswortes sein können.«

Im Rahmen der Beichte geschieht etwas, was unabhängig von dem, was in anderen Gesprächen, zum Beispiel einem therapeutischen, über Schuld schon gesagt wurde, noch einmal einen anderen Charakter hat und eine andere Dimension aufweist. Etwas, was bewusst oder unbewusst der Grund dafür ist, dass Menschen zunächst oft nicht nur einfach den

Psychotherapeuten aufsuchen möchten, sondern den Priester, der explizit die spirituelle Dimension würdigt. Sie wollen bei ihrer Schuldbearbeitung und ihrem Verlangen nach Vergebung ganz bewusst Gott und ihre Beziehung zu Gott mit einbeziehen.

Geist Gottes, leiser, zärtlicher Atem und starker,
kräftiger Sturmwind, komm und belebe uns neu.
Geist Gottes, fege hinein in unser Leben und unsere Kirche,
fege hinweg, was darin falsch und verlogen ist.
Geist Gottes, kehre in uns ein, damit wir einsehen,
wo wir umkehren und neu anfangen müssen.
Geist Gottes, leuchte uns, damit wir klarer sehen,
wo unser Licht und unser Dunkel ist.
Geist Gottes, entzünde uns neu, damit das Feuer in uns wieder
brennen kann und der Funke überspringt, auf den es ankommt.
Geist Gottes, berate uns gut, damit wir erkennen,
was zu tun und was zu lassen ist.
Geist Gottes, heile uns, damit wir gesund werden und
ganze Menschen, mit Leib und Seele.
Geist Gottes, steck uns an, damit wir Feuer und Flamme werden
für dich.
Geist Gottes, treib uns an, damit wir einen neuen Antrieb
haben in uns.
Geist Gottes, beflügele uns, damit wir es wagen zu träumen
und uns zu trauen zu kämpfen.
Geist Gottes, reinige uns, damit wir ein aufrichtiges und
lauteres Herz bekommen. Amen.

Aus dem Evangelischen Gesangbuch, Ausgabe für die Evangelisch-Lutherischen Kirchen in Bayern und Thüringen

Im Sakrament der Versöhnung schließe ich mich wieder an den göttlichen Kreislauf an. Durch meine Schuld war er unterbrochen und gestört. Jetzt klinke ich mich wieder ein in den göttlich-menschlichen Liebesaustausch, befreit von Schuld und Pein. Ich tue damit mir etwas Gutes. Ich reinige mich von dem Gift, das in mir fließt und wirkt, solange ich mich nicht mit meiner Schuld auseinandergesetzt habe. Ich bin mir damit selbst mein bester Freund. Meine Seele dankt mir meine Freundschaft, indem sie mich nicht länger durch Angst, Depression und Verunsicherung an meine Schuld erinnert. Sie dankt es mir, indem sie mir Erleichterung verschafft, mich in die Freiheit versetzt, die damit einhergeht, wenn ich

Beichtgebet

Allmächtiger Gott, barmherziger Vater,
ich armer elender sündiger Mensch
bekenne dir alle meine Sünde und Missetat,
die ich begangen mit Gedanken, Worten und Werken,
womit ich dich jemals erzürnt
und deine Strafe zeitlich und ewiglich verdient habe.
Sie sind mir aber alle herzlich leid und reuen mich sehr,
und ich bitte dich um deiner grundlosen Barmherzigkeit
und um des unschuldigen bitteren Leidens und Sterbens
deines lieben Sohnes Jesus Christus willen,
du wollest mir armem, sündhaftem Menschen gnädig
und barmherzig sein,
mir alle meine Sünden vergeben
und zu meiner Besserung deines Geistes Kraft verleihen.
Amen.

Martin Luther

mich nicht länger belastet fühle mit etwas, das mir die echte Freude am Leben nimmt.

Im Bekennen meiner Schuld bahne ich der Liebe zu mir selbst den Weg. Denn solange ich nicht zu meiner Schuld stehe, sie nicht bekenne, liegt ein Schatten über mir, der meine Beziehung zu mir selbst überschattet. Meine Schuld wirkt dann wie ein Stein, der den Zugang zu meinem Inneren, zu meiner Seele verstellt. Zugleich ist aber auch der Zugang von Gottes Liebe zu mir zugestellt. Sie erreicht mich nicht, so sehr sie mir auch nach wie vor geschenkt wird. Bis ich handle, aufstehe und dabei auferstehe, der Stein auf die Seite geschleudert wird, ich aufstehe, zu mir stehe. Das ist der Augenblick, an dem meine Auferstehung stattfindet, meine Befreiung.

Im Rahmen der Beichte spricht mich der Beichtvater von meiner Schuld und meinen Sünden mit den Worten los: »Ich spreche dich frei von deinen Sünden im Namen des Vaters, des Sohnes und des heiligen Geistes.« Im Lateinischen lautet dieser Satz: *»Ego te absolvo a peccatis tuis in nomine Patris et Filii et Spiritus Sancti.«* Er tritt, so unzulänglich er das auch zu leisten vermag, in diesem heiligen Akt an die Stelle Gottes. Er ist dabei nur Vermittler, nicht der Macher, ist beteiligt an einem intimen Vorgang.

Von Gott geküsst werden

Das Sakrament der Versöhnung wird bei diesem Akt zum sichtbaren Zeichen unsichtbarer Gnade. Es vollzieht sich ein heiliges Geschehen, bei dem unsichtbare Kräfte auf unbeschreibliche Weise auf uns einwirken. Das Heilige, der Heilige Geist berührt uns. Der Unsichtbare macht sich sichtbar und – lassen wir uns berühren – fühlbar. Wir erfahren Gottes Freundschaft. So ist das Sakrament der Versöhnung einem heiligen Kuss (Römer 16,16: »Grüßt einander mit dem heiligen Kuss«) vergleichbar, sinnlich und übersinnlich zugleich, bei dem Endliches und Unendliches, der endliche Mensch und der unendliche Gott sich innigst begegnen.

Bei der Beichte versöhne ich mich wieder mit mir selbst, mit meinen Mitmenschen und Gott. Ich kann mich – wieder – annehmen, auch mit meiner Unvollkommenheit, weil ich wieder einen Zugang gefunden habe zu der Erfahrung, von Gott geliebt zu sein. Was vorher den Zugang zu dieser Erfahrung versperrte, ist durch das Bekennen meiner Schuld, das Erwecken meines Bedauerns, meiner Reue, weil es mir wirklich wehtut, es mir wirklich leid tut, beseitigt worden. So kann die Beichte zu dem Ort werden, an dem ich erneut erfahren darf, von Gott geküsst zu werden, seine geliebte Tochter, sein geliebter Sohn zu sein.

Ein Beichtgespräch, das vor vielen Jahren stattfand, werde ich nie vergessen. Am Ende der Beichte betete mein Gesprächspartner mit mir das Vaterunser. Ganz langsam, jeden Satz bewusst aussprechend. Bei den Worten »Dein Wille geschehe« hielt er länger inne. Schließlich segnete er mich und umarmte mich. Später habe ich bei Hermann Hesse eine Erzählung über eine ähnliche Beichtpraxis gefunden. Er berichtet darin von dem Einsiedler Josefus Famulus, der dem Bekennenden nach der Beichte nichts sagt, sondern sich niederkniet, mit ihm das Vaterunser betet, ihm den Bruderkuss gibt und sich vor ihm verneigt, bevor er ihn verlässt. Ich kann alles, was in diesem Gespräch geschieht, rein menschlich erklären. Ich kann mir sagen: Da hat mir jemand zugehört, mich verstanden, sich empathisch mir zugewandt. Das hat mir gutgetan, mir Erleichterung verschafft. Das stimmt alles. Und dennoch: Dieses »Dein Wille geschehe« machte mir bewusst, dass mitten unter uns ein Dritter anwesend war. Die ganze Zeit schon während wir beisammen waren. Der, der für uns da ist. Immer. Bedingungslos. Dessen Dasein für uns in echter Begegnung lebendig wird, zum Fleisch wird. Wer Beichte so erfahren darf, weiß, was er sich vergibt, wenn er auf eine solche Erfahrung, ein solches wunderbares Angebot verzichtet.

Ostern 2010. Ich bin seit einigen Tagen im Kloster Heilig Blut der Karmeliterinnen, direkt neben dem ehemaligen KZ-Gelände in Dachau. Ich schreibe an dem Buch über *»Schuld und Vergebung. Befreit leben«*. In der Nacht von Gründonnerstag gehe ich nach der Anbetung vor dem Allerheiligsten in der Klosterkirche mit meinem Meditationshöckerchen zum Wachturm, der zwischen der KZ-Gedenkstätte und dem Kloster liegt, um vor dem Allerheiligsten zu meditieren, der in Abertausenden von Häftlingen, den Lebenden und Toten, hingerichtet, verachtet, verspottet, gedemütigt, mit Füßen getreten wurde: Jesus. Er hat die Schuld auf sich geladen und durch seinen Tod gesühnt, so heißt es immer wieder in den Texten des Stundengebetes der Karwoche: die erdrückende Schuld, die auf diesem Ort liegt, die unfassbare Schuld, die Priester auf sich geladen haben, die Minderjährige sexuell missbraucht haben, von denen wir soviel in diesen Tagen hören. Die Schuld, die wir auf uns laden, wenn wir Menschen in Kriegen oder sonstwo töten. Vergebung scheint angesichts dieser Schuld fast unmöglich zu sein. Zu schwer wiegt die Schuld, zu viel hat sie zerstört, vernichtet. Vergebung – das alles nicht länger anrechnen, verrechnen? Sich dafür nicht rächen, keinen Ausgleich verlangen? Einfach vergeben?

Das kann ein Mensch alleine nicht. Niemand. Ich sehe die Fotos vor mir, auf denen die von den Amerikanern befreiten KZ-Häftlinge lächeln, den Befreiern zuwinken. Heute ist

Ostern, wie einige Meter entfernt von hier vor fast 65 Jahren Ostern war, als die Amerikaner kamen. Der Tag der Befreiung und Erlösung, durch Menschen mithilfe Gottes. Durch Jesus, seinen Tod, den er auch an diesem Ort gestorben ist.

4 Befreit leben

Vergebung und Barmherzigkeit sich selbst gegenüber

»Der Weg zum Nahen ist für uns Menschen jederzeit der weiteste und schwerste«, meint der Philosoph Martin Heidegger. Das gilt auch für die Vergebung mir selbst gegenüber und die Annahme meiner selbst. Sich oder einem anderen gegenüber barmherzig sein zu können, ist oft die Voraussetzung dafür, sich selbst und anderen vergeben zu können. Das heißt, das zu beseitigen, was zwischen uns, manchmal auch zwischen mir und meinem Selbst steht. Wenn ich mir und dem anderen in Barmherzigkeit begegnen kann, wird die Zurückweisung aufgelöst. Sie wird transzendiert. »Das Positive bei der Vergebung gegenüber anderen besteht darin, dass es zur gleichen Zeit die Abneigung, die ich mir selbst gegenüber hege, auslöscht«, wie Rollo May, der Begründer der existenzialistischen Psychologie sagt.

Sich selbst gegenüber barmherzig zu sein, vermittelt eine neue Sichtweise von dem, was es heißt, menschlich zu sein und hilft weniger hart sich selbst gegenüber zu sein. »So paradox es klingen mag, es verschafft uns einen Ort außerhalb unserer Hartherzigkeit, von dem aus wir mehr tun können, um sie zu korrigieren. Wir hören dann auf, uns dafür zu verurteilen, dass wir

»Der Weg zum Nahen ist für uns Menschen jederzeit der weiteste und schwerste.« (Martin Heidegger)

menschlich sind, und wir sind zur gleichen Zeit in der Lage damit aufzuhören, andere dafür zu verurteilen, dass sie menschlich sind«, meint Rollo May weiter.

Mich in meinem erbärmlichen So-Sein annehmen

Wie sehr wir an unsere Grenzen kommen können, wenn es darum geht, uns gegenüber barmherzig zu sein, uns anzunehmen und zu vergeben, beschreibt sehr eindrucksvoll der Tiefenpsychologe Carl Gustav Jung: »Dass ich den Bettler bewirte, dass ich dem Beleidiger vergebe, dass ich den Feind sogar liebe im Namen Christi, ist unzweifelhaft hohe Tugend. Was ich dem Geringsten unter meinen Brüdern tue, das habe ich Christus getan. Wenn ich aber nun entdecken sollte, dass der frechste aller Beleidiger, ja der Feind selber in mir ist, ja dass ich selber des Almosens meiner Güte bedarf, dass ich mir selbst der zu liebende Feind bin, was ist dann? Dann dreht sich in der Regel die ganze christliche Wahrheit um, dann gibt es keine Liebe und Geduld mehr, dann sagen wir zum Bruder in uns ›Racha‹, dann verurteilen wir und wüten gegen uns selbst. Nach außen verbergen wir es, wir leugnen es ab, diesem Geringsten in uns je begegnet zu sein, und sollte Gott selber es sein, der in solch verächtlicher Gestalt an uns herantritt, so hätten wir ihn tausendmal verleugnet, noch ehe überhaupt ein Hahn gekräht hätte. Wer mit Hilfe der modernen Psychologie nicht nur hinter die Kulissen seiner Patienten, sondern vor allem hinter seine eigenen geblickt hat – und das muss ein Psychotherapeut, der nicht ein Schwindler ist, getan haben –, der muss gestehen, dass es das Allerschwierigste, ja das Unmögliche ist, sich selber in seinem erbärmlichen So-Sein anzunehmen.«

C. G. Jung spricht hier die Stelle im Neuen Testament an, als Petrus Jesus, der gefangen genommen worden war, drei Mal verleugnete (vergleiche Matthäus 26,75). Jung will damit sagen, dass wir uns oft selbst einkapseln, uns mit einer Faust umklammern, gegen uns selbst wüten, uns heruntermachen, uns selbst gegenüber herzlos und erbarmungslos sind. Wir können uns dann nicht so anschauen, wie wir sind, mit all unserer Schwachheit, Fehlerhaftigkeit, Gebrochenheit und Sündhaftigkeit. Wir können uns selbst nicht vergeben.

Im Neuen Testament begegnen wir Jesus, von dem es im Hebräerbrief heißt: »Denn wir haben nicht einen Priester, der nicht mitfühlen könnte mit unseren Schwachheiten, vielmehr einen, der in jeder Beziehung gleichermaßen versucht worden ist, die Sünde ausgenommen.« Das kann uns Mut machen, zu unserer eigenen Schwachheit und Fehlerhaftigkeit zu stehen und uns so anzunehmen, wie wir sind. Bis wir so weit sind, kann es lange dauern. Es wird vermutlich auch ein steiniger Weg sein, der uns viel abverlangt. Aber um wirklich in der Lage zu sein, mich eines anderen aus der Tiefe meines Herzens heraus erbarmen zu können, muss ich mich meiner selbst erbarmen können, muss ich mich mit meiner eigenen Schwachheit und Unvollkommenheit ausgesöhnt haben.

Henri Nouwen schildert eine solche Erfahrung sehr eindrucksvoll. Für ihn war es die Begegnung mit Adam: In Daybreak, einem Haus der »Arche« – eine Einrichtung, die sich um behinderte Menschen kümmert – hatte er vierzehn Monate lang die direkte Verantwortung für Adam, einen körperlich und geistig schwer behinderten jungen Mann. Henri Nouwen schreibt darüber: »Das Leben in der Nähe zu Adam und den anderen brachte mich auch meinen eigenen Verwundungen näher. Während es zuerst ziemlich klar schien, wer behindert war und wer nicht, ließ das tägliche gemeinsame Leben die Grenzen verschwimmen. (...) Als ich den Mut besaß, etwas in die Tiefe zu sehen und mich mit meinen emotionalen Bedürfnissen, meiner Unfähigkeit zu beten, meiner Ungeduld und Ohnmacht, meinen vielen Ängsten und Befürchtungen zu beschäftigen, erhielt das Wort ›Behinderung‹ bald eine völlig neue Bedeutung. Die Tatsache, dass meine Behinderungen weniger sichtbar waren als die Adams und seiner Hausgenossen, ließ sie nicht weniger vorhanden sein. (...) Ich wurde mit einem sehr unsicheren, bedürftigen und schwachen Menschen konfrontiert: mit mir selbst. (...) Gegen Ende 1987 merkte ich, dass ich auf eine Krise zusteuerte (...). Ich wurde von quälenden Gefühlen des Verlassenseins, der Zurückweisung, Bedürftigkeit, Abhängigkeit und Verzweiflung überwältigt. (...) Ich musste das Neue und die Gemeinschaft verlassen und mich an einen Ort zurückziehen, an dem ich meine Ängste durchleben konnte in der Hoffnung, neue Kraft und neuen Frieden zu finden (...). Indem ich diese innere Qual durchlebte, merkte ich, dass ich Adam immer ähnlicher wurde. Er besaß nichts, worauf er hätte stolz sein können. Ich auch nicht. Er war vollkommen leer. Ich war es auch. Er brauchte ununterbrochen Aufmerksamkeit. Ich nicht weniger. Ich merkte, wie ich mich diesem ›Wie-Adam-Werden‹ widersetzte. Ich wollte nicht abhängig und schwach werden. Ich wollte nicht so hilfsbedürftig sein. Aber irgendwie verstand ich, dass die Art Adams, die Art radikaler Verwundbarkeit, die Art Jesu war.«

Barmherzigkeit gegenüber sich selbst

Die Erfahrungen, die ich mache, wenn ich mir selbst mit Barmherzigkeit begegne, reichen in meine tiefste Schicht, den Ort in mir, der für meinen Kern steht. Es ist der Bereich, der weit vor einer intellektuellen Leistung oder einer Einsicht steht, den ich daher auch nicht über diese Ebenen erreichen kann. Er ist allein über die Erfahrung zugänglich. Diesen Ort gilt es in der Psychotherapie, in der Seelsorge, in der Beichte zu erreichen.

Barmherzigkeit gegenüber sich selbst: Wo das gelingt, wirklich zugelassen und erfahren wird, da reißen die Nähte auf, da zerspringen die Ketten, die den Menschen bis dahin niedergehalten, bedrückt, gedrückt, eingesperrt durchs Leben haben gehen lassen. Er wird weit, da sein »Mutterschoß«, sein Herz sich endlich ausbreiten können. Wo man sich wirklich selbst in Barmherzigkeit begegnen kann, da findet eine Explosion der Freiheit statt, stürzen Götter und Götzen vom Sockel, die einen bisher bestimmt, manipuliert, zensiert haben. Wo man sich in Barmherzigkeit zu begegnen vermag – wirklich –, da wird man von seinem »Mutterschoß« überschwemmt, wird alles in einem selbst von den eigenen Schwingungen mitgerissen. Da kann man nur aufschreien und tanzen vor Freude, geschieht in einem selbst ein Wunder: Vergebung.

Gottes geliebter Sohn, Gottes geliebte Tochter sein

Der verlorene Sohn

»Da ging er in sich und sagte: Wie viele Taglöhner meines Vaters haben Brot im Überfluss, ich aber komme hier vor Hunger um. Ich will mich aufmachen und zu meinem Vater gehen und zu ihm sagen: Vater, ich habe gesündigt gegen den Himmel und vor dir. Ich bin nicht mehr wert, dein Sohn zu heißen; halte mich wie einen von deinen Taglöhnern. Dann machte er sich auf und ging zu seinem Vater. Sein Vater sah ihn schon von Weitem kommen, wurde von Mitleid bewegt, lief herbei, fiel ihm um den Hals und küsste ihn. Da sagte der Sohn zu ihm: Vater, ich habe gegen den Himmel und gegen dich gesündigt; ich bin nicht mehr wert, dein Sohn zu heißen. Der Vater aber sagte zu seinen Knechten: Holt schnell das beste Kleid heraus und zieht es ihm an und gebt ihm einen Ring an die Hand und Schuhe an die Füße! Holt das Mastkalb und schlachtet es! Wir wollen essen und fröhlich sein; denn dieser mein Sohn war tot und lebt wieder; er war verloren und ist wieder gefunden worden. Und sie begannen, ein Freudenfest zu feiern.« (Lukas 15,17–24)

Ich habe in meinem Beratungszimmer ein Bild Rembrandts hängen, auf dem der verlorene Sohn abgebildet ist, der von seinem Vater liebevoll zu Hause begrüßt wird. Manchmal bitte ich die Menschen, die ich begleite, einen Blick auf dieses Bild zu werfen – vor allem jene, die Zweifel haben oder sich nicht vorstellen können, dass Gott sie bedingungslos annimmt.

Wo ich mir in Barmherzigkeit zu begegnen vermag, da berührt mich Gott selbst, lässt er mich seine zärtliche Barmherzigkeit spüren, zumindest aber erahnen. Manchmal muss ich erst die menschliche Erfahrung machen, bedingungslos angenommen zu sein, um mich selbst bedingungslos annehmen zu können und Gottes bedingungslose Liebe erfassen und spüren zu können, denn oft ist der Blick auf Gott verstellt, das Bild von Gott, das wir in uns tragen, so verzerrt, dass wir uns gar nicht vorstellen können, von Gott ohne Wenn und Aber geliebt zu sein.

Dennoch muss man in der Zurückhaltung, von einem Richtergott zu sprechen, nicht so weit gehen, gar nicht von ihm zu reden, nur weil Menschen, die einseitig von diesem Bild von Gott geprägt sind, zunächst einmal einen Zugang zum barmherzigen und bedingungslos liebenden Gott finden müssen. Gerade bei Fragen von echter Schuld ist es wichtig, das nicht zu übergehen, sondern ernst zu nehmen. So kann Gott auch streng sein, uns herausfordern und ermahnen. Gott ist kein »Kuschel-Gott«.

»Ich erfahre Heilung meiner Wunden, wenn ich auf die Stimme Gottes in meinem Herzen höre, die mir sagt: Du bist mein geliebter Sohn, du bist meine geliebte Tochter.« (Henri Nouwen)

»Dann machte er sich auf und ging zu seinem Vater. Sein Vater sah ihn schon von Weitem kommen, wurde von Mitleid bewegt, lief herbei, fiel ihm um den Hals und küsste ihn. Da sagte der Sohn zu ihm: Vater, ich habe gegen den Himmel und gegen dich gesündigt; ich bin nicht mehr wert, dein Sohn zu heißen.« (Lukas 15,20–21)

Entscheidend aber ist, dass er uns, auch wenn er uns ermahnt und herausfordert, bedingungslos liebt. Jeden einzelnen Menschen. Es ist wie bei Eltern, die ihre Kinder – hoffentlich – bedingungslos lieben, was sie auch angestellt haben. Das ist für mich die zentrale Aussage: Wir fallen nie aus Gottes Liebe heraus. Dann kann Gott auch der richtende Gott sein, der sich für die Gerechtigkeit einsetzt. Sein richterliches Walten geht aber einher mit seiner bedingungslosen Annahme. Sein Ziel ist es nicht, jemanden einfach abzustrafen. Ihm geht es um die Umkehr, wenn wir von dem Weg abgewichen sind, der uns zu unserem inneren Frieden führt.

So wie der verlorene Sohn, der sein Erbteil verprasste und ein zügelloses Leben geführt hat, sich aufmacht zu seinem Vater, den er durch seinen Weggang und durch sein Verhalten enttäuscht hat. Ihn führt die Not zurück. Sie hilft ihm, mit seinem fehlerhaften Verhalten in Berührung zu kommen, sein Schuldbewusstsein zu schärfen. Um schließlich aufzubrechen – auch innerlich –, hin zu seinem Vater. Damit sich zugestehend, dass er bei aller auch notwendigen Selbstverwirklichung auf ihn angewiesen ist. Und dann erfahren darf, dass er nie aus der Liebe seines Vaters herausgefallen ist.

Einem Gott gegenüber, der dem Vater vergleichbar ist, der den verlorenen Sohn wieder aufnimmt, kann ich meine Schuld bekennen. Selbst wenn ich spüre, dass ich mich durch mein Verhalten schuldig gemacht habe, ich mich dadurch von anderen und ihm entfernt habe, fällt es mir dann nicht schwer, mich zu ihm aufzumachen. Da ziehe ich es vor, ihm meine Schuld zu bekennen, statt mich länger mit meinen Schuldgefühlen zu quälen: »Vater, ich habe gegen den Himmel und gegen dich gesündigt.« Ich kann meine Schuld ihm gegenüber aussprechen, mich ihr stellen. Es fällt mir nicht schwer, bereit zu sein, dafür zu büßen und sogar darauf zu verzichten, weiterhin die Privilegien eines Sohnes zu genießen: »Halte mich wie einen von deinen Taglöhnern.«

Dann mache ich plötzlich die ungeheure, unfassbare Erfahrung, dass Gott sich meiner erbarmt, mir entgegenkommt, mich umarmt, mich küsst, mir vergibt. Ein neues, zweites Leben kann beginnen, das Fest des Lebens kann gefeiert werden: »Und sie begannen, ein Freudenfest zu feiern.«

Für den geistlichen Schriftsteller Henri Nouwen, dessen Schriften immer wieder um das Thema von Gottes bedingungsloser Liebe kreisen, gibt es keinen Zweifel daran, dass diese bedingungslose Liebe Gottes jedem Menschen gilt, obwohl er sich bis zu seinem Tod nicht sicher war – und damit erging es ihm wie vielen von uns –, dass das auch auf ihn zutrifft. Bei der Einweihung des Recollectio-Hauses in Münsterschwarzach, einer Einrichtung für Priester, Ordensleute und kirchliche Mitarbeiter und Mitarbeiterinnen, sagte er in einer Predigt: »Ich erfahre Heilung meiner Wunden, wenn ich auf die Stimme Gottes in meinem Herzen höre, die mir sagt: Du bist mein geliebter Sohn, du bist meine geliebte Tochter. Du bist ganz

»Ich erfahre Heilung meiner Wunden, wenn ich auf die Stimme Gottes in meinem Herzen höre, die mir sagt: Du bist mein geliebter Sohn, du bist meine geliebte Tochter. Du bist ganz und gar von Gott geliebt. Das soll ich nicht nur im Kopf, sondern mit dem ganzen Wesen glauben. Es ist die Grundtatsache meines Lebens.« (Henri Nouwen)

und gar von Gott geliebt. Das soll ich nicht nur im Kopf, sondern mit dem ganzen Wesen glauben. Es ist die Grundtatsache meines Lebens. Wenn ich an diese erste Liebe Gottes glaube, dann kann ich mich auch mit der zweiten Liebe aussöhnen, die nicht so vollkommen ist, mit der zweiten Liebe, mit der mich die Eltern lieben, die Erzieher, die Kirche. Auch die Kirche liebt mich, aber ich bin nicht zufrieden mit dieser Liebe. Sie könnte besser sein. Aber wenn ich um die erste Liebe weiß und mich immer wieder daran erinnere, dass ich der geliebte Sohn, die geliebte Tochter bin, dann kann ich auch mit der zweiten Liebe leben.«

Was in mir ist küssen

Das mittelhochdeutsche Wort *»suene«* meint Versöhnung, Schlichtung, Frieden, Kuss. »Sich versöhnen mit sich selbst heißt also von der deutschen Sprachgeschichte her: Frieden stiften mit sich selbst, den Streit zwischen den verschiedenen sich bekämpfenden Gedanken und Wünschen schlichten, die aufgebrachte Seele beruhigen, alles, was in einem ist, küssen: also gut mit sich umgehen, liebevoll, zärtlich«, so umschreibt es Anselm Grün.

Wer jemals erfahren hat, wie wohltuend ein Kuss sein kann, der weiß, ja hat es immer wieder erfahren, wie ein solcher Kuss Leib und Seele nähren kann, uns aufblühen lässt. Wie ich den Menschen, den ich küsse, mit meinem Kuss bestärke, ihm meine Liebe und Zuneigung zum Ausdruck bringe, so sage ich Ja zu mir selbst, bejahe mich selbst, wenn ich mich, wenn ich all das, was ich bin und in mir ist, im Guten und im Bösen, die Lichtseiten und die Schattenseiten in mir küsse.

Mit dem Eingeständnis unserer Unzulänglichkeit und Unvollkommenheit, der Versöhnung auch mit unserer Gebrochenheit geht eine Umkehr einher, die bewirkt, dass Seiten, Kräfte in uns entthront werden, die uns bisher am wahren Leben und am ganzen Leben gehindert haben. Kräfte, die uns auch das Leben zur Hölle gemacht haben, weil sie uns mit überzogenen Idealen und damit einhergehend mit nicht erreichten Zielen, mit dem Gefühl von Unzulänglichkeit behaftet, uns heruntergezogen haben.

Es findet eine Umkehr statt, die uns großherziger macht und dazu beiträgt, den Streit zwischen den verschiedenen sich bekämpfenden Gedanken und Wünschen in uns zu schlichten, die aufgebrachte Seele zu beruhigen. Das führt dazu, dass wir nicht nur mit uns liebevoller und zärtlicher umgehen können, sondern auch mit anderen. Dann können wir nicht nur uns, sondern auch anderen leichter verzeihen und vergeben.

Umkehren

Im Neuen Testament lesen wir: »Die Zeit ist erfüllt, das Reich Gottes ist nahe. Kehrt um und glaubt an das Evangelium« (Markus 1,15). Damit soll unter anderem gesagt werden, dass wir jetzt schon etwas von dem erfahren sollen und dürfen, was wir von einem Leben im Himmel erwarten. Das aber setzt voraus, dass wir ein Innenleben pflegen, mit unserer Tiefe, unserer Seele in Berührung sind, zum Beispiel durch Traumarbeit, Imaginationsübungen, Meditation oder einfachem Innehalten, dass wir versuchen zu spüren, was wir in der Tiefe unseres Herzens oder unserer Seele vernehmen. Es meint weiter, tiefer schauen und erleben zu können, eine Ahnung, eine Anmutung für das zu bekommen, was über das hinausgeht, was wir sehen, spüren, anfassen können. Es ist eine Umkehr, bei der wir unser Leben nicht nur von außen, sondern auch von innen her betrachten und erfahren. Vielleicht überfällt uns dann wie den Mystiker Thomas Merton inmitten einer belebten Straße

»Die Zeit ist erfüllt, das Reich Gottes ist nahe. Kehrt um und glaubt an das Evangelium.« (Markus 1,15)

die Erkenntnis: »Jetzt erkenne ich deutlich, was wir in Wirklichkeit alle sind: Könnte doch nur jeder das erkennen! Aber man kann es nicht erklären. Es gibt einfach keine Möglichkeiten, den Menschen zu sagen, dass sie alle wie strahlende Sonnen durch die Welt laufen.«

Im Jetzt statt in der Vergangenheit oder Zukunft leben

Umkehr kann weiter heißen: Sich immer wieder aufzumachen, im Jetzt zu leben, nicht dem nachzurennen, was war oder nie mehr sein wird. Wir sind manchmal geradezu überschüttet mit negativen Botschaften und neurotischen Schuldgefühlen, sodass wir es kaum schaffen, Freude in unserem Leben zu empfinden. Manchen Menschen, die sehr darunter leiden, wünschte man, sie könnten diesen ganzen Müll einfach entsorgen, über Bord werfen. Doch das ist natürlich leichter gesagt als getan. Ich erlebe auf diesem Hintergrund die christliche Botschaft als befreiend. Dabei weiß ich sehr wohl, dass im Namen dieser Botschaft Menschen oft noch mehr Lasten und Skrupel auferlegt wurden.

Was von Gott kommt, ist Erlösung

Doch das ist nicht die Botschaft, die ich als christlich verstehe. Sie versteht sich als Gegenbewegung zu einem zermürbenden Sich-Selbst-Niedermachen. Sie stellt sich allen inneren und von außen kommenden Bestrebungen entgegen, die uns klein, ängstlich, skrupulös machen und haben wollen. Sie will uns davon befreien. Sie will, dass wir frei, in Freiheit handelnde Personen sind und uns in die Freiheit führen.

Das ist die befreiende Botschaft: Was von Gott kommt, ist Erlösung, ist Vergebung und nicht Knechtschaft oder Vergeltung. Das ist eine Botschaft, die uns aufatmen lässt, uns aufrichtet, die uns Mut macht, nicht zu verzagen, weiterzugehen, uns von Bildern von Gott zu befreien, die Gott als den drohenden, herrschsüchtigen Gott darstellen.

Es ist die Botschaft: Gott allein verdanken wir unsere Erlösung. Er gewährt die Vergebung. Mit ihm ist eine Kraft in unserer Welt und in unser Leben eingetreten, die davon erfüllt ist, uns in die Freiheit zu führen, uns zu erlösten Menschen zu machen. Menschen, die sich nicht grämen müssen über ihr Dasein, die befreit, gelöst leben, ihr Leben wagen. Von dieser Botschaft geht ein Schwung aus – sollte ein Schwung ausgehen, der uns beschwingen will, sodass wir uns mit Freude, Lust und Enthusiasmus ins Leben stürzen. Das meint nicht rücksichtslos, aber, wie es Martin Buber einmal nannte, rückhaltlos: ohne ängstlich nach rechts und links zu schauen, sondern voller Vertrauen und Zuversicht. Erlöst. Befreit. Von Gott beschwingt und in Schwung gehalten, bereit, uns in den Tanz des Lebens einzuschwingen.

So geht es darum, befreit zu leben, einzuschwingen in den Tanz des Lebens, sich nie so zuzudecken oder zudecken zu lassen von dem, was war, was wir falsch gemacht, was wir hätten anders machen können, dass unser Bewusstsein von Leben dabei eingetrübt oder anscheinend gänzlich ausgelöscht wird. Es geht darum, immer wieder den Vorhang auf die Seite zu ziehen, um

»Höre mich, Gott, und erbarme dich meiner, sei du mein Helfer, o Herr! Du hast meine Klage in Tanzen verwandelt, abgenommen mein Bußgewand und mich gegürtet mit Freude, auf dass meine Seele dir singe und nimmermehr schweige. Herr, mein Gott, ich will dich preisen auf ewig!« (Psalm 30,11–13)

wenigstens für Momente ein Gespür dafür zu bekommen, was es heißt zu leben, Gottes Kind zu sein, den Tanz des Lebens bewusst mitzutanzen, uns von diesem Tanz davontragen zu lassen – immer in der Gewissheit und der Zuversicht, dabei von Gott selbst, dem ersten und großen Tänzer, geführt zu werden.

Tanze den Tanz des Lebens
Wache auf
Spüre
Du lebst
Fliege mit den Vögeln
Wachse mit den Bäumen
Treibe mit den Wellen
Lebe
Ausgelassen als Kind
Voller Kraft in der Jugend
Mit Tatendrang als Erwachsener
Behutsam als alter Mensch

Mit den Psalmen beten

In den Psalmen bringen Menschen seit Jahrtausenden ihre Freude und Hoffnung, ihre Trauer und Angst vor Gott. Sie sind ein besonderer Gebetsschatz, die unseren Anliegen und tiefsten Gefühle einen Raum geben. Die folgende Zusammenstellung versammelt einige Psalmen, in denen Schuld und Bedrängnis, aber auch Freude und Dank zum Ausdruck kommen.

In Furcht und Verzagtheit

Aus Psalm 55

Höre, o Gott, auf mein Beten,
meinem Flehen verschließe dich nicht!
Neige dich mir zu und erhöre mich!
Ich bin getrieben von meiner Angst,
das Herz in meinem Innern ist mir verstört,
Todesschrecken fällt über mich.
Es überkommt mich Fürchten und Zagen,
und Schauer erfasst mich.
Ich sage: O, hätte ich die Flügel der Taube,
ich flöge auf und käme zur Ruhe.
Ich aber rufe zu Gott,
und der Herr wird mich retten.
Ich will vor ihm klagen und seufzen
am Abend, am Morgen, am Mittag,
und hören wird er auf meine Stimme.

Aus tiefer Not

Psalm 130

Aus der Tiefe, o Herr, ruf ich zu dir:
Höre, o Herr, meine Stimme!
Möge achten dein Ohr
auf mein flehendes Rufen!
Wolltest du, Herr, der Sünde immer gedenken:
Herr, wer könnte bestehen?
Doch bei dir ist Vergebung der Sünden,
auf dass man in Ehrfurcht dir diene.
Ich hoffe auf den Herrn,
es hofft meine Seele,
ich warte auf sein Wort.
Meine Seele erwartet den Herrn,
mehr als der Wächter das Morgenrot.
Ja, mehr als der Wächter das Morgenrot
erwartet Israel seinen Herrn!
Denn bem Herrn ist Erbarmen,
bei ihm ist reiche Erlösung.
Ja, er wird Israel erlösen
von all seiner Missetat.

Die Wege des Herrn sind Gnade und Treue

Aus Psalm 25

Zu dir erhebe ich meine Seele,
du, mein Herr und mein Gott.
Auf dich vertraue ich, lass mich nicht zuschanden werden;
nicht sollen über mich triumphieren die Feinde.
Denn alle, die deiner harren, sie werden nicht zuschanden;
zuschanden werden, die leichthin brechen die Treue.
Zeige mir deine Wege, o Herr,
und lehre mich deine Pfade.
Führe mich in deiner Wahrheit und lehre mich,
denn du bist mein Gott und mein Helfer;
allzeit hoffe ich auf dich.
Denke an dein Erbarmen, Herr,
und deine Gnade, die waltet von Anbeginn.
Meiner Jugend Sünden und meiner Verirrungen
gedenke nicht mehr,
um deiner Güte willen, o Herr, gedenke meiner in Gnade.
Gütig ist der Herr und getreu,
darum weist er dem Sünder den Weg.
Die Willigen führt er nach Recht,
Demütige lehrt er seine Pfade.
Alle Wege des Herrn sind Gnade und Treue für jene,
die seinen Bund und seine Gebote bewahren.
Um deines Namens willen, Herr,
vergib meine Sünde, denn sie ist groß.

Meine Zuflucht und mein Retter

Psalm 142

Mit lauter Stimme rufe ich zum Herrn,
mit lauter Stimme flehe ich zu meinem Herrn.
Ich gieße aus vor ihm meine Sorge,
ich lege ihm dar meine Not.
Mag auch bangen mein Geist,
dennoch – du kennst meine Pfade.
Auf dem Weg, den ich schreite,
da legten sie heimlich mir Schlingen.
Ich blicke zur Rechten und schaue,
doch keiner ist, der sich kümmert um mich.
Nirgends ein Ort, dass ich fände bei ihm eine Zuflucht,
niemand, der um mein Leben sich sorgte.
O Herr, ich rufe zu dir,
ich sage: Du bist meine Zuflucht,
mein Anteil im Land der Lebenden.
Vernimm meine Klage,
denn elend bin ich sehr.
Errette mich von denen, die mich verfolgen,
mächtiger sind sie als ich.
Führe mich hinaus aus meinem Gefängnis,
und deinem Namen sage ich Dank.
Und es werden sich scharen um mich die Gerechten,
sobald du mir wohlgetan hast.

All meine Wege sind dir vertraut

Aus Psalm 139

Herr, du erforschest mich und du kennst mich.
Wenn ich sitze und wenn ich stehe, du weißt es.
Meine Gedanken schaust du von ferne,
du schaust mich, wenn ich gehe und ruhe;
all meine Wege sind dir vertraut.
Ehe noch auf der Zunge das Wort liegt,
siehe, Herr, schon weißt du um alles.
Von rückwärts und vorne schließt du mich ein
und du legst auf mich deine Hand.
Wunderbar ist solches Wissen für mich,
zu hoch, ich kann es nicht begreifen.
Wohin soll ich flüchten vor deinem Geist,
wohin vor deinem Antlitz entfliehen?
Stiege ich zum Himmel empor, so bist du zugegen;
wollte ich in der Unterwelt lagern, so bist du auch dort.
Wollte ich Flügel mir leihen vom Morgenrot
und ließe mich nieder am fernsten Gestade,
auch dort noch wird deine Hand mich geleiten
und halten mich deine Rechte.
Du hast gebildet mein Innerstes;
du hast mich im Schoß meiner Mutter gewoben.
Ich preise dich, dass ich geschaffen bin so wunderbar,
dass wunderbar all deine Werke,
und meine Seele erkennt es sehr wohl.
Wie unergründlich sind mir, o Gott, deine Pläne,
wie unermesslich ist ihre Zahl!
Durchforsche mich, Gott, und durchschaue mein Herz,
prüfe mich und erkenne meine Gedanken!
Und siehe, ob ich wandle den Weg des Verderbens,
und führe mich den ewigen Weg!

Dank für Erbarmen und Gerechtigkeit

Psalm 85

Gnade hast du gewährt, o Herr, deinem Land,
Jakobs Los gewendet zum Guten.
Deinem Volk hast du erlassen die Schuld,
hast zugedeckt all seine Missetat.
Du hast zurückgezogen all deinen Grimm,
aufgegeben die Glut deines Zornes.
Schaffe uns wieder neu, o Gott, unser Retter,
tu ab den Unmut, den du trägst gegen uns.
Willst du uns grollen auf ewig?
Soll währen dein Zorn durch alle Geschlechter?
Wirst du uns nicht mehr Leben verleihen?
Wird dein Volk sich nicht mehr freuen in dir?
Zeige uns dein Erbarmen, o Herr,
gewähre uns gnädig dein Heil!
Hören will ich, was kündet der Herr, unser Gott:
wahrhaftig, er kündet den Frieden,
Frieden seinem Volk und all seinen Frommen,
allen, die von Herzen sich zu ihm bekehren.
Ja, allen, die ihn fürchten, ist nahe sein Heil,
und Herrlichkeit wird wohnen in unserem Land.
Begegnen werden sich Erbarmen und Treue,
Gerechtigkeit und Friede werden sich küssen.
Aus der Erde sprießt die Treue,
Gerechtigkeit blickt hernieder vom Himmel.
Ja, der Herr verleiht seinen Segen,
und unsere Erde gibt ihre Frucht.
Gerechtigkeit geht vor ihm her,
und Heil wird folgen dem Pfad seiner Schritte.
Lobpreis der Werke Gottes

Halleluja!

Psalm 111

Preisen will ich den Herrn vom Grund meines Herzens
im Rat der Frommen und in großer Gemeinde.
Die Werke des Herrn sind erhaben;
würdig, dass man sie liebend ergründe.
Sein Walten ist Hoheit und Macht,
und seine Gerechtigkeit währt auf ewig.
Seinen Wundern schuf er ein stetes Gedächtnis,
milde ist der Herr und barmherzig.
Denen, die ihn fürchten, sandte er Speise,
auf ewig wird er seines Bundes gedenken.
Kundgetan hat er dem Volk die Macht seiner Werke:
er gab ihm das Erbe der Völker.
Das Wirken seiner Hände ist Treue und Recht,
unwandelbar sind seine Befehle,
gültig für immer und ewig,
gegeben in Kraft und Gerechtigkeit.
Erlösung hat er seinem Volk gesandt,
seinen Bund geschlossen auf immerdar,
heilig und groß ist sein Name.
Die Furcht des Herrn ist Anfang der Weisheit;
weise sind, die beharrlich sie üben.
Der Ruhm des Herrn wird bleiben in Ewigkeit.

Wo finde ich Rat und Hilfe – Adressen und Kontakte

http://www.christliche-onlineberatung.de: Onlineberatung für Menschen in schwierigen Lebenssituationen (Ehe-, Familien- und Lebensberatung, Onlineseelsorge)

Telefonseelsorge:
Telefon (0800) 111 0 111; (0800) 111 0 222
www.telefonseelsorge.de

Psychologische Beratungsstellen:
www.evangelische-beratung.info
www.katholische-kirche.de/26988.html
www.werhilftwem.de (Datenbank für den Sozialbereich: Hilfe in allen Lebenslagen)

In Würzburg, Schweinfurt, Hannover und Düsseldorf gibt es in den Innenstädten »Gesprächsläden«. Auch in weiteren Städten wird ein solches Angebot derzeit eingerichtet. Hier können Sie einfach vorbeischauen und finden immer jemanden, mit dem Sie sprechen können, der zuhört. Einige haben ein zusätzliches Angebot im Internet (www.gespraechsladen-wuerzburg.de). Fragen Sie vor Ort in Ihrer Stadt nach ähnlichen Angeboten.

Fragen Sie gerade im Bezug auf die Beichte oder das Beichtgespräch auch bei den Kirchen vor Ort nach deren Angeboten. Im Pfarrhaus wird man Ihnen über Termine und Beichtzeiten Auskunft geben können.

Literatur

Antonia Arnold: Das Trauma der Schuld. Wie Psychotraumatologen und Seelsorger helfen, Bayerischer Rundfunk, 22. Januar 2010

Eleonore Beck: Alle Tage ist Gott nahe, Kevelaer 2003

Eugen Biser, Ferdinand Hahn, Michael Langer (Hg.): Der Glaube der Christen. Band 2. Ein ökumenisches Wörterbuch, München 1999

Eileen Borris-Dunchunstang: Verzeihen. Die 7 Stufen zur Vergebung, München/Zürich 2007

Martin Buber: Vorwort, in: Hans Trüb, Heilung aus der Begegnung, Stuttgart 1951

Robert Coles: Anna Freud oder der Traum der Psychoanalyse, Frankfurt 1992

John O'Donohue: Anam Cara. Das Buch der keltischen Weisheit, Stuttgart 1997

Anselm Grün: Die Beichte: Feier der Versöhnung, Münsterschwarzach 2001

Anselm Grün/Wunibald Müller: Was ist die Seele? Mein Geheimnis – meine Stärke, München 2008

Anselm Grün: Sich ändern lernen. Versöhnung leben und feiern, Würzburg 1992

Anselm Grün/Wunibald Müller: Wer bist Du Gott?, München 2010

Richard M. Gula: The Call to Holiness. Embracing a Fully Christian Life, New York 2003

Manfred Hanglberger: Ich bin schuld. Der sinnvolle Umgang mit Schuldgefühlen, 2006

Bert Hellinger: Zweierlei Glück. Die systemische Psychotherapie Bert Hellingers, hrsg. v. Gunthard Weber, Heidelberg 1993

Klaus D. Hoppe: Gewissen, Gott und Leidenschaft, Stuttgart 1986

Jolande Jacobi: Der Weg zur Individuation, Zürich 1965

Carl Gustav Jung: Erinnerungen, Träume, Gedanken, Zürich 1967

Carl Gustav Jung: Über die Beziehung der Psychologie zur Seelsorge (1932) in: Ges. Werke, Bd. XI: Zur Psychologie westlicher und östlicher Religion, Olten 1971

Carl Gustav Jung: Ein großer Psychologe im Gespräch, Freiburg 1994

Verena Kast: Wenn wir uns versöhnen, Stuttgart 2005

Kathleen E. Kelley: Guilt. Issues of Emotional Living in an Age of Stress for Clergy and Religious, Whitinsville 1980

Rollo May: Freedom and Destiny, New York 1981

Julien Offray de La Mettrie: in: Rudolf Walther: Weder Gott noch Zufall, in: DIE ZEIT, 09. November 2009, Nr. 48, S. 92

Thomas Merton: Zeiten der Stille, Freiburg 1992

Thomas Merton: Lieben und Leben. Love and Living, Zürich 1988

Thomas Moore: The soul of sex, New York 1998

Wunibald Müller: Empathie. Der Seele eine Stimme geben, Mainz 1991

Wunibald Müller: Wenn du ein Herz hast, kannst du gerettet werden. Die befreiende Auseinandersetzung mit der eigenen Schuld, Münsterschwarzach 1998

Wunibald Müller, Anselm Grün, Henri Nouwen u.a.: Sammle deine Kraft. Spirituelle und therapeutische Erfahrungen, Münsterschwarzach 2001

Wunibald Müller: Heilende Seelsorge, Mainz 2002

Wunibald Müller: Ich wünsch dir einen Seelenfreund. Über Beziehungen, die tragen, München 2010

Wunibald Müller: Verschwiegene Wunden. Sexuellen Missbrauch in der katholischen Kirche erkennen und verhindern, München 2010

Marie Noël: Erfahrungen mit Gott, Mainz 1973

Henri Nouwen: Donald McNeill, Douglas Morrison: Compassion. A Reflection on the Christian Life, New York 1992

Henri Nouwen: Adam und ich. Eine ungewöhnliche Freundschaft, Freiburg 1998

Jean Monbourquette: Vergeben lernen in zwölf Schritten, Ostfildern 2010

Karl Rahner (Hrsg.): Herders Theologisches Taschenlexikon, Freiburg 1973, Bd. 7

Karl Rahner: Schuld, Vergebung und Umkehr im christlichen Glauben, in: Albert Görres, Karl Rahner: Das Böse. Wege zu seiner Bewältigung in Psychotherapie und Christentum, Freiburg 1984, S. 199–254

Joseph Ratzinger: »Du bist voll der Gnade«, in: Internationale katholische Zeitschrift »Communio« 6 (1988)

Udo Rauchfleisch: Pastoralpsychologische Überlegungen zur Bewältigung von Schuld, in: Isidor Baumgartner (Hg.): Handbuch der Pastoralpsychologie, Regensburg 1990, S. 149–168

Udo Rauchfleisch: Die verborgene Last. Seelsorgliche Hilfe bei Schuldgefühlen, in: Bibel und Liturgie, 68. Jg., Heft 1, 1995, S. 35–38

Carl R. Rogers: Die Kraft des Guten, München 1985

Suzanne Simon: Forgiveness: How to Make Peace with Your Past and Get on With Your Life, 1990

Konrad Stauss: Die heilende Kraft der Vergebung. Die sieben Phasen spirituell-therapeutischer Vergebungs- und Versöhnungsarbeit, München 2010

Hermann Stenger: Im Zeichen des Hirten und des Lammes, Innsbruck 2000

Dietmar Stiemerling: Zehn Wege aus der Depression. Tiefenpsychologische Erklärungsmodelle und Behandlungskonzepte der neurotischen Depression, München 1995

Hans Trüb: Heilung aus der Begegnung, Stuttgart 1951

Herbert Vorgrimler: Sakramententheologie, Düsseldorf 1987

Lorenz Wachinger: Gespräche über Schuld, Mainz 1988

Rembert G. Weakland: A Pilgrim in a Pilgrim Church. Memoirs of a Catholic Archbishop, Cambrige 2009

Claudia Mariele Wulf: Schuld ins Wort gebracht. Das befreiende Gespräch über Schuld in der Pastoral, Valendar 2008

Irvin D. Yalom: Existentielle Psychotherapie, Bergisch Gladbach 2005

Zweites Vatikanisches Konzil: Pastorale Konstitution über die Kirche in der Welt von heute, in: Karl Rahner/Herbert Vorgrimler, Kleines Konzilskompendium, Freiburg 1974

Quellennachweis

Seite 24, 30/31, 41: C. G. Jung, Ein großer Psychologe im Gespräch, Verlag Herder, Freiburg im Breisgau 1994, S. 213, 214, 216; Originaltitel: C. G. Jung im Gespräch © Daimon Verlag, Einsiedeln

Seite 25: Marie Noël, Erfahrungen mit Gott. Aus dem Französischen von Franziska Knapp © Matthias-Grünewald-Verlag, Mainz 2005

Seite 26/27: Irvin D. Yalom, Existentielle Psychotherapie © 1989, 2010 EHP-Verlag Andreas Kohlhage. Abdruck mit freundlicher Genehmigung durch den Verlag. All Rights reserved. This includes reproduction and transmissions in any form or by any means without permission in writing from the publisher.

Seite 89: Herbert Vorgrimmler, Sakramententheologie © Patmos-Verlag der Schwabenverlag AG, Düsseldorf/Ostfildern 1987

Seite 98: C. G. Jung, Über die Beziehung der Psychologie zur Seelsorge (1932), in: Gesammelte Werke, Band XI: Zur Psychologie westlicher und östlicher Religion, Walter Verlag, Olten 1971, S. 367f

Seite 99/100: Henri Nouwen: Adam und ich. Eine ungewöhnliche Freundschaft © Verlag Herder, Freiburg im Breisgau 1998, Seite 83f.

Autor und Verlag haben sich bemüht, alle Rechtsinhaber der zitierten Texte ausfindig zu machen. Wenn in dem einen oder anderen Fall die Urheberrechtslage nicht hinreichend geklärt werden konnte, ist der Verlag für weiterführende Hinweise dankbar. Honoraransprüche werden selbstverständlich auch nachträglich gewährt.

Inspiration Christentum

Gerlinde Baumann
Ewiges Leben
Hoffnung über den Tod hinaus
Band 6179
Was geschieht nach dem Tod eines Menschen? Lebt nur die Seele weiter? Wer kommt in den Himmel? Können wir zu verstorbenen Angehörigen Kontakt aufnehmen? Werden wir sie nach unserem eigenen Tod wiedersehen? – Eine kompakte Einführung – die Anworten des Christentums.

Johannes B. Brantschen
Warum gibt es Leid?
Die große Frage an Gott
Band 6056
Das Leiden unschuldiger Geschöpfe lässt sich nur schwer mit dem Glauben an einen guten und allmächtigen Gott vereinbaren. Was sagt Leid über Gott aus? Wie können wir mit erlebtem Leid umgehen?

Roland Breitenbach
Pilgern
Den eigenen Weg finden
Band 6061
Immer mehr Menschen pilgern – der Weg wird zum Bild für das Leben. Ein Buch über die ungeahnten Potenziale des Unterwegssein.

Anselm Grün
Mystik
Den inneren Raum entdecken
Band 6060
Die Suche nach dem inneren Raum, in dem Gott erfahrbar wird, die Sehnsucht nach der Entgrenzung machen die Faszination der Mystik aus.

Medard Kehl
Schöpfung
Warum es uns gibt
Band 6166
Die Welt ist weder blinder Zufall noch göttliche Materie. Sie ist Schöpfung. Medard Kehl stellt den christlichen Schöpfungsglauben vor und antwortet auf die wesentlichen Fragen: Warum gibt es uns überhaupt? Ist alles Zufall? Warum so viel Leid und Schmerz in der Schöpfung? Wie können wir die Schöpfung bewahren?

Katharina Schridde
Alltag und Fest
Von den Gezeiten des Lebens
Band 6096
Anfang und Ende, Aufbruch und Ankunft, Werden und Vergehen – mit seinen Festen und Wegmarken schenkt das Christentum Jahr und Tag einen Rhythmus, der uns die Tiefe und die Kraft des Lebens erschließt.

Marjorie Thompson
Achtsamkeit
Vom Umgang mit der eigenen Seele
Band 6183
Die jahrhundertealte Überlieferung des Christentums neu für Menschen der Gegenwart: von der Tagesrückschau über die geistliche Begleitung bis hin zur Gestaltung einer spirituellen Regel für das eigene Leben.

Uta Pohl-Patalong
Bibel lesen
Die Kraft der heiligen Texte
Band 6087
Die Texte der Bibel stecken voller Leben und Lebenstauglichkeit, die es zu entdecken gilt. Das grundlegende Dokument des Christentums gibt den notwendigen Überblick und zeigt Wege auf, zu einer persönlichen Begegnung mit dem „Buch der Bücher“ zu finden.